DE LA GARANTIE.

Chez un peuple civilisé les acquisitions originaires sont rares. Presque toutes les propriétés ont été transmises. La richesse des hommes repose sur la réalité des droits ou l'étendue des obligations de ceux auxquels ils ont succédé. De là l'importance des questions de garantie. Les jurisconsultes romains ont élaboré, en cette matière, un système remarquable que les législateurs modernes ont en grande partie conservé. Nous suivrons une marche utile et logique en étudiant avec soin la théorie du droit romain sur ce sujet, avant d'aborder les principes et les difficultés du droit actuel.

SOMMAIRE.

Notions générales.

Des actes qui emportent obligation de garantie.

Des actes à titre onéreux.

De la vente.

De la vente des choses corporelles. — Des servitudes passives ou actives.

De la vente des choses incorporelles.

De la vente d'une créance.

De la vente d'une créance munie de sûretés spéciales.

De la vente d'une hérédité.

De la vente d'un gage par le créancier gagiste.

Du louage.

Notions générales.

1. En vertu d'un acte juridique, un avantage est procuré, un droit est transmis par une personne à une autre ; celle qui reçoit, qui acquiert, a l'espoir plus ou moins fondé de profiter de l'avantage, de se trouver investie du droit, mais elle n'en a presque jamais la certitude. Ce que, dans la pratique des affaires, on appelle une translation de propriété, une acquisition, c'est l'accomplissement des conditions légalement nécessaires pour qu'il y ait translation de la propriété,

AF339447

1865

acquisition, si l'opération émane du véritable propriétaire, du véritable ayant-droit. Comme une incertitude plane presque toujours sur cette qualité chez l'aliénateur, il n'existe dans la plupart des cas qu'une apparence d'aliénation, et l'avenir seul révélera la réalité cachée sous cette apparence. Des événements ultérieurs peuvent, en effet, démontrer que l'aliénateur apparent n'était pas investi du droit qu'il a semblé transmettre. Il se peut que la partie dont l'enrichissement était le but de l'acte soit, en vertu du droit préexistant d'un tiers, dépouillée de l'avantage promis et en apparence procuré. Lorsqu'une telle hypothèse se réalise, la personne dépouillée peut-elle former une réclamation contre la personne qui lui a procuré ou devait lui procurer l'avantage, le droit dont elle se trouve privée? et par cette réclamation que peut-elle obtenir? Tel est le problème que nous nous proposons d'agiter et de résoudre.

2. Nous nommons, dans un sens large, *éviction* tout fait dont le résultat est pour une personne la privation d'un avantage, d'une situation juridique, d'un droit qu'elle tient d'une autre.

Nous nommons *garantie* l'obligation de prévenir l'éviction, s'il est possible, ou d'en réparer les conséquences.

Le mot latin *evictio* présente à peu près l'idée que nous avons placée sous le terme correspondant de la langue française. Le mot *evictio* suppose, par son étymologie et dans son sens étroit, que l'acquéreur subit une contestation de la part d'un tiers, qu'il succombe dans cette lutte judiciaire (ce mot exclut une lutte violente et un simple appel à la force), et que cet échec entraîne pour lui la privation définitive de la chose acquise. C'est ainsi presque toujours, en effet, que se produit pour un acquéreur la perte de l'avantage qu'il tient d'autrui. Le mot *evictio* suscite une double image, celle d'une défaite (ou d'un triomphe suivant le point de vue auquel on se place), et, en outre, celle d'une perte, d'un enlèvement de la chose, d'une mise à exécution de la sentence; telle est l'énergie de la particule *e* ou *ex*.

Le mot *garantie* ne vient pas du latin. Il a une origine germanique. Les jurisconsultes romains emploient dans un sens analogue le terme d'*auctoritas*. Ce terme est pris dans des acceptions diverses. Nous citerons celles qui se rapportent à notre sujet et nous essaierons de les ramener à l'unité.

La loi des XII Tables contenait ce principe: *Adversus hostem æterna auctoritas* (1). Ce qui signifie que la puissance du droit de propriété romaine était impérissable à l'égard de l'étranger possesseur. Le droit de revendiquer était, pour le citoyen romain propriétaire, perpétuel à l'encontre de l'étranger. Aucun laps de temps ne pouvait mettre l'étranger à l'abri de la revendication quiritaire. L'étranger ne jouissait pas du droit d'usucapion.

La loi *Atinia*, reproduisant peut-être une disposition de la loi des XII Tables pour la compléter, était, d'après Aulu-Gelle (2), ainsi conçue : *Quod subreptum erit, ejus rei æterna auctoritas esto*. La puissance du droit de propriété subsistait éternellement la même sur la chose volée. Le droit de revendiquer cette chose était perpétuel. L'usucapion ne s'accomplissait par aucun laps de temps et ne venait jamais relativement à cette chose déplacer le droit.

Paul dans ses Sentences nous dit : *Venditor, si ejus rei quam vendiderit dominus non sit..., auctoritatis* (suppléez : *nomine* ou *actione*) *manebit obnoxius...* (3).

Res empta, mancipatione et traditione perfectâ, si evincatur, auctoritatis (suppléez : *nomine* ou *actione*) *venditor... obligatur* (4).

Dans ces deux passages, le mot *auctoritas* peut être traduit par garantie. Le vendeur qui n'est pas propriétaire de la chose qu'il vend demeure exposé au recours en garantie. Si la chose vendue et livrée est l'objet d'une éviction, le vendeur est tenu de la garantie (5).

Le trait commun entre ces acceptions diverses se trouve dans l'idée de puissance, de protection, d'autorité. *Auctoritas* désigne la puissance de droit, la force légitime qui nous permet de conserver ou de revendiquer, qui nous assure notre bien.

L'acheteur, celui qui a reçu une chose d'autrui à titre onéreux, puise sa force dans son vendeur. Il attend sa sécu-

(1) Cic., *De officiis*, lib. I, n° 37.
(2) Aul. G., *Noct. att.*, xvii, 7.
(3) *Sent. recept.*, Paul., liv. II, tit. xvii, § 1.
(4) *Sent. recept.*, liv II, tit. xvii, § 3.
(5) Comp. *Frag. vatic.*, § 10, et la Loi 76, Dig., 21, 2, *De evict.*

rité de son vendeur. Il invoque contre les attaques des tiers la protection, la puissance de son vendeur.

Aussi le vendeur, celui qui a procuré un avantage et doit le garantir est appelé *auctor*. Il est l'auteur de la situation faite à l'acheteur. Il est le principe de la force de ce dernier. Il fait descendre sur son ayant-cause, il le doit du moins, l'autorité du droit.

Dans la langue française quiconque a transmis un droit à titre onéreux ou à titre gratuit est qualifié d'auteur. Il est le créateur apparent ou réel de la cause d'autrui. Il est pour autrui la source d'un avantage provisoire au moins, définitif peut - être. Les jurisconsultes romains réservent presque toujours l'expression d'*auctor* pour l'appliquer au vendeur, à un aliénateur à titre onéreux. C'est lui surtout qui est la source d'un enrichissement pour autrui, car de l'avantage qu'il procure, de la situation qu'il crée, il assure la réalité, il garantit la certitude. Les textes où le mot *auctor* est pris dans le sens de vendeur sont nombreux (1). Nous ne rapporterons qu'un fragment où le mot *auctor* est opposé à celui de *donator*. Ulpien se demande à propos de la théorie de l'accession des possessions : *an vitium auctoris vel donatoris ejusve qui mihi rem legavit mihi noceat, etc.* (2). Pourquoi le jurisconsulte, après l'expression large d'*auctor*, mentionne-t-il séparément le donateur et le testateur, si ce n'est parce que ces derniers ne sont point tenus de l'obligation de garantie?

Nous en concluons que, dans le langage habituel des jurisconsultes, *auctor* exprime plus que notre terme *auteur* et emporte l'idée d'un garant.

Lorsqu'un vendeur, ou un aliénateur soumis à garantie, a donné un fidéjusseur, un répondant, un débiteur accessoire de son obligation de garantie, ce fidéjusseur est appelé *secundus auctor*. Il est en quelque sorte pour l'acheteur ou l'acquéreur un second garant. Il confirme la vente ou l'aliénation et assure son résultat. Ulpien parle dans un fragment

(1) Voy. Ulp., L. 156, § 3, D. 50, 17, *De reg. juris*; Paul., L. 4, § 1: Scævola, L. 52, § 3, D. 19, 1, *De act. empt. et vend.*; Ulp., L. 28, L. 51 pr. Pap., L. 64, § 2, D. 21, 2, *De evict.*, etc.

(2) L. 5 pr. D. 44, 3, *De div. temp. præscr.*

de ce *fidejussor ob evictionem datus quem vulgo secundum auctorem vocant* (1).

3. Le mot garantie se rencontre dans deux parties du droit, et dans ces deux applications il présente une idée commune u'il est intéressant de mettre en relief.

Le vendeur est pour l'acheteur un garant. Tout débiteur accessoire est pour le créancier un garant. L'idée commune est celle de sûreté, d'assurance. Le vendeur assure l'acheteur contre les chances d'éviction. Le débiteur accessoire assure le créancier contre les chances de l'insolvabilité du débiteur principal.

4. Notre sujet se divise en trois parties : 1° quels actes juridiques emportent l'obligation de garantie ; 2° quelles évictions donnent lieu au recours en garantie ; 3° quels sont les effets du recours en garantie.

PREMIÈRE PARTIE.

Quels actes juridiques emportent l'obligation de garantie.

5. Parmi les dettes que nous contractons, parmi les transmissions de droit que nous consentons à opérer, une grande distinction est à faire. Seule elle nous fera concevoir pourquoi l'obligation de garantie découle ou ne découle pas de telles ou telles opérations juridiques.

Nous supposons que dans toutes il s'agit de corps certains, de choses individuellement déterminées. Car la distinction

(1) Ulp., L. 4 pr. D. 21, 2, *De evict.* Des auteurs anciens et modernes trouvent l'étymologie d'*auctor* dans le verbe *augere*. Brissonnius, *De verb. signif.*, après avoir donné cette définition : *Auctores dicuntur a quibus jus in nos transiit, et a quibus causam agimus*, ajoute : *Idcirco quod nos re auxerint.* Pour comprendre la filiation entre *augere, auctor, auctoritas*, avec ses diverses acceptions, il faut dégager du mot *augere* l'idée vague d'augmentation, de production, de création, de puissance. Sigonius, *De antiq. jur. civ. rom.*, liv. I, cap. XI, pense qu'*auctoritas* vient de *auctio*, vente publique aux enchères en présence du magistrat ; que l'on aurait appelé *auctoritas* la propriété, le *dominium* issu de cette vente au profit de l'adjudicataire, et qu'ensuite l'expression généralisée aurait désigné toute propriété. Voy. ce qu'a écrit sur ce sujet M. Ortolan, notre savant maître, qui a tant de fois allié heureusement la philologie à la science du droit. (*Explic. hist. des Inst.*, t. II, p. 179.)

à laquelle nous faisons allusion et que nous présentons comme décisive au point de vue de la garantie, disparaît dans les obligations de quantités.

Parmi les obligations ou aliénations de corps certains, les unes nous astreignent à livrer ce qu'il est actuellement en notre pouvoir de donner, parce que cela est et dans la mesure où cela est en notre pouvoir. Nous avons promis de transférer à un autre la propriété telle quelle, que nous pouvons avoir sur une chose, mettant autrui à notre place relativement à ce bien. Nous avons consenti à nous dépouiller au profit d'autrui du droit que nous avons, tel que nous l'avons et si nous l'avons.

Dans les autres nous devons, d'une manière absolue, procurer un avantage, transférer un droit, que nous l'ayons ou ne l'ayons pas, que cela nous soit possible ou non, si la chose est possible en elle-même. Notre volonté est que le patrimoine d'autrui soit enrichi d'une valeur, et si nous ne pouvons donner cette valeur sous la forme précise déterminée dans le contrat ou l'acte d'aliénation, nous en devons l'équivalent. Nous devons l'équivalent de la chose promise et de plus une réparation complète du dommage que l'acheteur ou acquéreur a éprouvé par suite de l'éviction.

Cette distinction répond à celle des actes en actes à titre gratuit et actes à titre onéreux. Dans les actes à titre onéreux en général la garantie est due. Dans les actes à titre gratuit, en général la garantie n'est pas due.

Ces deux propositions qui ressortent de l'ensemble des textes du droit romain et qui sont également vraies dans notre législation moderne, sont éminemmuent raisonnables. Celui qui pour un équivalent procure ou s'engage à procurer un avantage déterminé, doit d'après l'intention des parties assurer à son cocontractant l'avantage déterminé, l'enrichissement sur lequel celui-ci a compté. En général on ne donne pas un équivalent certain pour acquérir simplement une chance. Celui au contraire qui confère un bienfait, se décide à donner parce qu'il a ou croit avoir à sa disposition l'objet de sa libéralité. Il consent à se priver de cet objet, mais non pas de sa valeur en outre si l'objet est revendiqué par un tiers.

6. Nous allons parcourir la série des actes à titre onéreux

pour constater si l'obligation de garantie en découle, comment elle est sanctionnée et quelle est son étendue.

Nous commencerons par l'acte à titre onéreux le plus fréquent, le plus important à notre point de vue, la vente.

De la vente.

7. Le vendeur s'oblige à faire avoir à l'acheteur la possession utile et durable de la chose, ou mieux il s'oblige à ce qu'aucune cause antérieure à la vente ne vienne enlever à l'acheteur la possession de la chose vendue : *rem habere licere emptori præstare debet.*

Cette obligation se décompose en deux obligations spéciales, celle de livrer, de mettre l'acheteur en possession, et celle de le préserver d'éviction, de le garantir.

Ces obligations résultaient du contrat de vente et étaient sanctionnées par l'*actio empti*. Mais souvent les parties ajoutaient à la vente, contrat consensuel, des stipulations qui en corroboraient les effets. Dans les ventes de choses de quelque valeur, il était d'usage que le vendeur promît à l'acheteur en forme de stipulation le double du prix pour le cas où l'acheteur serait évincé. Les Romains, en gens pratiques, aimaient ces stipulations de peines qui simplifiaient les procès et supprimaient les chances de l'appréciation du juge, *pœnam enim cum stipulatur quis, non illud inspicitur quid intersit ejus, sed quæ sit quantitas quæque conditio stipulationis* (1).

8. Des textes nous font penser que les parties déduisaient aussi, assez souvent, en stipulation, à l'occasion d'une vente, la promesse de *præstare habere licere*. Probablement une telle stipulation avait été inventée, introduite alors que la vente n'existait pas encore comme contrat. La première forme que les Romains aient connue et pratiquée pour l'échange de leurs biens contre de la monnaie est la mancipation, ou *venumdatio*. C'était un mode d'aliénation à titre onéreux. Les parties ajoutaient à cet acte principal une *nuncupatio* ou une *stipulatio* destinée à obliger le vendeur à préserver dans l'avenir l'acheteur d'éviction. L'usage a ensuite survécu à sa raison d'être et a coexisté avec le contrat consensuel de vente.

(1) *Inst. Just.*, 3, xix, § 19.

La forme de cette stipulation était variable. Quelquefois le vendeur restreignait dans d'étroites limités son obligation de garantie en promettant *neque per se, neque per heredes suos fieri quominus emptori habere liceat* (1). D'autres fois et sans doute plus fréquemment, le vendeur promettait impersonnellement *habere emptori licere* où dans un sens analogue, mais explicite *neque per se, neque per alium fieri quominus habere liceat* (2).

Dans cette dernière hypothèse le vendeur avait promis que ni lui ni son héritier, ni un tiers n'évincerait l'acheteur ; il avait donc promis son fait, le fait de son héritier et le fait des tiers. Sur la validité de la promesse du fait personnel du débiteur, il n'y avait aucune difficulté possible. Sur la validité de la promesse du fait de l'héritier, il n'y a pas eu d'hésitation parce qu'ici le fait de l'héritier était la suite et la continuation du fait personnel du débiteur. Mais quant à la promesse du fait des tiers, sa validité a été controversée. L'homme ne peut devoir qu'un acte qui lui soit personnel, un exercice de ses facultés. C'est la seule chose qui dépende de lui. Dans un contrat de droit strict, dans une stipulation, où l'interprétation ne peut rien ajouter à ce qui a été exprimé, les parties doivent énoncer le fait qui pourra être exigé du débiteur. La promesse du fait d'un tiers est inefficace parce qu'elle ne contient pas la détermination de l'acte exigible du promettant en cas d'inexécution de la part du tiers.

La difficulté disparaissait lorsqu'à la stipulation *habere licere spondes* était ajoutée la stipulation d'une peine, par exemple du double du prix en cas d'inexécution. Or nous savons que cette stipulation pénale était habituelle. Mais lorsqu'aucune stipulation de peine n'avait été faite, on se trouvait en présence du principe que nous avons rappelé, relatif à l'inutilité de la promesse du fait d'autrui.

Ulpien, fidèle en cette circonstance au principe rigoureux des contrats de droit strict, déclarait inutile la promesse *ha·*

---

(1) Cela est singulier, car l'obligation de garantie est ici restreinte dans le cercle des rapports où, soit l'exception de dol, soit l'exception *rei vendita et tradita*, trouvait son application et prévenait l'éviction. Voy. ce que nous dirons plus loin de ces exceptions.

(2) Comp. L. 38 pr. et § 1, L. 75, § 7, L. 83 pr., D. 45, 1, *De verb. oblig.*, L. 22, D. 21, 1, *De ædil. ed.*

bere licere, en tant qu'elle comprenait la promesse du fait
d'autrui, la promesse que des tiers n'évinceraient pas l'acheteur (1).

Paul, moins sévère dans sa doctrine, admettait la validité
d'un telle stipulation, comme si elle avait été conçue en ces
termes : *spondes-ne te curaturum, effecturum ut mihi habere
liceat* (2).

9. Les promesses que les vendeurs étaient dans l'habitude de
faire, accessoirement à la vente, pour la plus grande sûreté
de l'acheteur, variaient suivant les pays et lorsque les parties
ne convenaient pas du contraire, elles étaient présumées
avoir voulu se conformer à la coutume du lieu où la vente
avait été conclue. *Si fundus venierit,* nous dit Gaius dans son
commentaire sur l'édit provincial, *ex consuetudine ejus
regionis in qua negotium gestum est pro evictione caveri
oportet* (3).

A Rome l'usage était que dans les ventes de choses pré-
cieuses, importantes, d'esclaves, d'immeubles notamment, le
vendeur promît à l'acheteur le double du prix en cas d'éviction (4) ; c'était une promesse simple, nue, sans fidéjusseurs ;
ce n'était pas une satisdation. Le but était non pas de garantir
l'acheteur contre la chance de l'insolvabilité du vendeur,
mais de fixer le montant de l'indemnité qui serait due à
l'acheteur évincé. Ulpien nous l'atteste : *Illud quæritur an is
qui mancipium vendidit, debeat fidejussorem ob evictionem
dare, quem vulgo auctorem secundum vocant ? Et est relatum
non debere, nisi hoc nominatim actum est* (5).

10. Lorsqu'une vente était contractée relativement à une
chose de quelque importance et sans aucune convention spé-

---

(1) L. 38, D. 45, 1, *De verb. oblig.*

(2) L. 83, D. 45, 1. Il est à remarquer qu'Ulpien raisonnait comme Paul
relativement à la promesse *aliquem sisti.* L. 81, D. 45, 1. Nous pensons
que la dérogation au principe pur du droit strict a commencé par les stipulations prétoriennes dont le préteur se réservait l'interprétation. (Venuleius, L. 9,
D. 46, 5.) La stipulation *aliquem sisti in judicio* est de ce nombre (D. 2,
xi.). La dérogation a été ensuite étendue, mais avec hésitation, aux stipula
tions spontanément faites entre particuliers.

(3) L. 6, D. 21, 2.

(4) L. 37 pr. et § 1, D. 21, 2.

(5) L. 4, D. 21, 2.

ciale, le vendeur devait donc ensuite répondre à la *stipulatio duplæ*. S'il opposait un refus à l'interrogation de l'acheteur, qu'en advenait-il ?

L'acheteur pouvait intenter l'*actio empti*. Car en vertu des règles d'un contrat de bonne foi, il avait droit à tout ce qui était conforme à l'usage. Si le vendeur en contractant n'avait pas voulu s'engager à fournir cette *cautio*, il aurait dû s'en expliquer ; il ne lui suffisait pas de garder le silence. *Ea quæ moris et consuetudinis sunt in bonæ fidei judiciis veniunt* (1).

Le vendeur était dans son tort. Il devait être condamné. Mais à quelle somme ? Paul nous affirme qu'il devait être condamné au double du prix. *Si dupla non promitteretur et eo nomine agetur, dupli condemnandus est reus* (2).

Est-ce que l'acheteur en vertu de cette condamnation pouvait dans tous les cas et immédiatement obtenir le double du prix ? Cela est difficile à admettre.

Si l'éviction était survenue, que la sentence fût mise en ce cas à exécution, rien n'est plus juste, et ainsi on comprend qu'après l'éviction l'acheteur qui n'avait pas encore obtenu du vendeur la promesse du double, intentât l'*actio empti* pour obtenir, non pas *quanti intererat ejus rem evictam non fuisse*, mais *duplam,* le double du prix. Telle est la solution aussi équitable que logique du § 8 des Fragments du Vatican : *Evictione.... secuta, duplum ex empti judicio secundum legem contractus præstabitur.*

Mais si l'acheteur était encore en possession de la chose vendue, comment concevoir, et sommes-nous forcés d'admettre que cet acheteur, qui ne souffrait aucun dommage actuel, qui ne devait peut-être jamais en souffrir, pût exiger et recevoir immédiatement, irrévocablement le double du prix?

On essaie de justifier une exécution immédiate de la condamnation au double du prix, par cette considération que le vendeur a un moyen très-simple d'y échapper; c'est de faire la promesse éventuelle du double en cas d'éviction. S'il résiste, il encourt une juste peine de sa faute ou même de son manque de foi.

(1) L. 31, § 20, D. 21, 1.
(2) L. 2, D. 21, 2.

Cette solution est rigoureuse ; il y a plus : elle est injuste. Le vendeur peut avoir des raisons sérieuses à opposer à la prétention de l'acheteur. Il peut soutenir que remise lui a été faite d'un commun accord de cette obligation habituelle. Il peut contester la réalité de l'usage de cette *cautio* dans le lieu du contrat. Il n'est pas toujours aisé, pour un contrat qui se forme entre personnes absentes, de déterminer en quel lieu le contrat a reçu sa perfection et quel est le pays dont la coutume est obligatoire. Selon le vendeur, la chose n'a peut-être pas assez d'importance pour que cette sûreté soit due, etc. En résumé le vendeur peut s'engager de bonne foi dans une résistance que le juge estime mal fondée, et pour un tort si excusable, il subirait la nécessité du paiement immédiat du double du prix à l'acheteur resté en possession paisible de la chose!

Une condamnation au double actuellement exigible serait rigoureuse encore, mais non plus injuste, si l'*actio empti* était arbitraire ou susceptible de le devenir. Le vendeur, après avoir contesté en vain la prétention du demandeur, pourrait, en exécutant l'*arbitrium* du juge et faisant la promesse, éviter la condamnation du double. Une condamnation aussi forte s'expliquerait à son égard comme s'explique la condamnation au quadruple, dans l'action *quod metus causa*, contre des tiers qui, même de bonne foi, ont entre les mains une chose aliénée sous l'empire de la crainte (1). Mais il n'est pas démontré que l'*actio empti* fût arbitraire ou pût le devenir au gré du magistrat ou des plaideurs (2).

En général, les sentences doivent être exécutées sans autre retard que les quelques mois accordés au condamné pour l'exécution volontaire. Cela est exact. Mais en général aussi le défendeur est condamné à une somme qui est exactement mesurée sur l'intérêt actuel du demandeur à n'avoir pas éprouvé une violation du droit. Peut-on dire que le double du prix représente ici l'intérêt actuel, le préjudice actuel du demandeur? Non certes. Il est vrai que cet intérêt dépendant d'une éventualité est très-difficile, presque impossible à esti-

(1) L. 14, § 1, D. 4, *Quod metus causa*.
(2) Voy. de Savigny, *Traité de droit romain*, trad. de M. Guenoux, t. V, p. 133.

mer. Mais ce n'est pas une raison pour grever le défendeur d'une condamnation exorbitante.

Il est une combinaison qui satisferait l'équité : c'est que la condamnation prononcée ne fût mise à exécution que si l'acheteur était évincé de la chose. La sentence fournirait purement et simplement à l'acheteur une action, l'action *judicati*, équivalente à celle qui serait née de la stipulation, une action dont l'acheteur ne pourrait user que dans l'hypothèse d'une éviction réalisée. L'exécution de la sentence serait suspendue comme l'aurait été l'effet de la promesse que devait faire le vendeur, et dont la condamnation tenait lieu. Peut-être en était-il ainsi. Ce résultat était-il obtenu par l'intervention du préteur réglant l'exécution forcée ou par l'office du juge qui prononçait une condamnation conditionnelle? Nous ne savons. Mais l'idée d'une sentence, dont l'exécution est différée, et même tenue en suspens par une condition, n'est pas inouïe. Une loi du Digeste nous en offre un exemple dans une circonstance analogue où il s'agit de remplacer une obligation conditionnelle (1).

Ce que nous pouvons affirmer, c'est que dans notre hypothèse, eu égard à l'énormité du chiffre de la condamnation, il était juste d'empêcher que l'acheteur ne procédât à l'exécution forcée jusqu'à l'éviction, et de retarder également le point de départ des intérêts au taux de 12 p. 100 qui couraient en général contre la partie condamnée, à défaut d'exécution, quelques mois après la date de la sentence rendue.

11. Il semble résulter de ce qui précède que la *stipulatio duplæ* ne devait jamais être faite. Il était inutile d'en accomplir les formes, puisque, par l'*actio empti*, l'acheteur arrivait au même résultat que par l'action *ex stipulatu*. Cependant, dans un grand nombre de textes, il est question de la *stipulatio duplæ de evictione*, de sa commise, de l'*actio ex stipulatu*. Cette action est opposée à l'*actio empti* (2).

Voici comment cela peut se concevoir : La *stipulatio duplæ* était habituelle à Rome ; mais elle n'était pas nécessaire. Les parties pouvaient convenir qu'elle n'aurait pas lieu. Cette convention accessoire au contrat de vente n'était assujettie

(1) L. 40, D. 9, 2, *Ad leg. Aquil.*
(2) L. 18, D. 21, 2 et *passim* dans le cours du titre.

à aucune forme. Si la stipulation n'avait pas été faite, au moment où l'acheteur évincé intentait l'*actio empti* pour obtenir les mêmes avantages que par l'*actio ex stipulatu*, un débat pouvait s'élever sur le point de savoir si l'acheteur avait ou non dispensé le vendeur de lui fournir cette sûreté. Une semblable difficulté était prévenue par l'accomplissement de la stipulation. Nous croyons même que le seul laps d'un temps considérable écoulé entre la vente et l'éviction, sans que l'acheteur eût réclamé la *stipulatio duplæ*, pouvait servir d'argument au vendeur.

Il était prudent que l'acheteur fît régulariser la promesse du double par le vendeur, et l'action *empti* devait suppléer l'action *ex stipulatu* seulement lorsque l'éviction était très-rapprochée de la vente, et qu'un intervalle de temps trop court ou l'absence d'une des parties n'avait pas encore permis d'accomplir les solennités de la stipulation.

On peut ajouter qu'il y avait des pays dans lesquels ou des choses relativement auxquelles l'habitude de la stipulation du double n'existait pas, et qu'alors elle devait être réalisée si telle était la volonté commune des parties.

Peut-être aussi les jurisconsultes romains, en parlant de stipulation et d'action *ex stipulatu*, s'occupent-ils des effets d'une stipulation faite où qui aurait dû l'être, et s'abstiennent-ils de répéter que l'*actio empti* tenait souvent lieu de l'*actio ex stipulatu*.

12. Le vendeur est garant des évi .tions qui ont une cause antérieure à la vente.

D'un autre côté, à partir de la vente conclue, l'acheteur court les risques de la perte fortuite de la chose vendue.

Ces deux règles semblent être la contre-partie l'une de l'autre, et nous offrir les deux faces d'une même idée. Il semble qu'où cesse la garantie du vendeur, commence pour l'acheteur la chance de perdre la chose sans recours. Cette alliance d'idées est suscitée par une loi du Digeste ainsi conçue : *Lucius Titius prædia in Germania trans Rhenum emit, et partem pretii intulit : cum in residuam quantitatem heres emptoris conveniretur, quæstionem retulit dicens, has possessiones ex præcepto principali partim distractas, partim relevantis in præmia adsignatas : quæro, an hujus rei periculum ad venditorem pertinere possit? Paulus respondit fu-*

*turos casus evictionis post contractam emptionem ad vendi-
torem non pertinere : et ideo secundum ea quæ proponuntur,
pretium prædiorum peti posse* (1).

Il est possible que le jurisconsulte ait voulu simplement
trancher une question de risques et non une question de garantie. Mais la place de ce fragment dans le titre *De evic-
tionibus*, et l'emploi du mot *evictio* éveillent dans l'esprit la
pensée que le vendeur n'est pas garant, parce que la chose
est pour les événements postérieurs à la vente et fortuits, aux
risques de l'acheteur, et que si la perte dont il s'agit ne
regardait pas l'acheteur, le vendeur en serait garant.

Cette combinaison de deux règles distinctes renferme une
erreur. Il est bien vrai que pour une perte qu'on déclare être
au risque de l'acheteur, le vendeur ne saurait être garant.
Affirmer que l'acheteur court la chance de tel événement,
c'est nier que le vendeur en soit responsable. Mais la proposition inverse n'est pas exacte. Il y a des pertes dont l'acheteur ne court pas le risque, et dont le vendeur n'est pas garant.
On dit dans ce cas que la chose est aux risques du vendeur,
ce qui n'implique pas nécessairement une idée de garantie.

C'est ce qui se rencontre dans la vente faite sous une condition suspensive. Jusqu'à l'arrivée de la condition, le vendeur court le risque de la perte totale de la chose vendue, et
néanmoins il est pas garant des événements fortuits qui se
produisent *pendente conditione*. Paul le décide dans le texte
suivant : *Necessario sciendum est quando perfecta sit emptio :
tunc enim sciemus, cujus periculum sit ; nam perfecta emp-
tione periculum ad emptorem respiciet. Et si id quod venierit,
appareat quid, quale, quantum sit* (2), *et pretium, et pure
venit, perfecta est emptio. Quod si sub conditione res venierit,
sicuti stipulationes et legata conditionalia perimuntur (ita
emptio-venditio perimitur) si pendente conditione res extincta
fuerit. Sane si exstet res, licet deterior effecta, potest dici
esse damnum emptoris* (3).

(1) Paul, L. 11 pr. D. 21, 2, *De evict.*

(2) Il n'y a guère de perte possible que pour les choses individuellement
déterminées. Quand le vendeur doit procurer une chose d'un certain genre,
la mise hors du commerce du genre entier est la seule hypothèse d'une perte
fortuite.

(3) L. 8, pr. D. 18, 6, *De periculo et commodo rei venditæ.*

La théorie des risques tranche la question de savoir si dans un contrat synallagmatique l'obligation de l'une des parties venant à s'éteindre par un cas fortuit, l'obligation réciproque de l'autre partie subsiste. Elle n'a rien de commun avec la théorie de la garantie. Décider que la chose vendue est aux risques de l'acheteur, c'est décider que, nonobstant la perte, l'acheteur continue à devoir le prix. Lorsqu'on décide que la perte de la chose vendue regarde le vendeur, cela signifie qu'il ne peut plus exiger le prix. Etre tenu à garantie, c'est tout autre chose, puisque c'est devoir une indemnité exacte et complète du tort éprouvé par l'acheteur victime d'une éviction. Cette indemnité peut être supérieure ou inférieure au prix.

13. Le vendeur est obligé à la garantie envers l'acheteur dans toutes les ventes, quelle que soit la nature de leurs objets, dans les ventes de choses corporelles, comme dans les ventes de choses incorporelles.

De la vente des choses corporelles.

L'acheteur qui, n'ayant pas été rendu propriétaire ou plein propriétaire de la chose, en est évincé, a recours contre son vendeur, soit par l'*actio empti*, soit par l'*actio ex stipulatu*.

L'éviction partielle, soit d'une part divise, soit d'une part indivise de la chose vendue, donne lieu aux mêmes recours que l'éviction totale (1).

Que décider si un tiers fait reconnaître en justice qu'il a un droit de servitude sur la chose? un droit de servitude personnelle ou prédiale? L'acheteur est-il, dans ce cas, victime d'une éviction partielle, et le vendeur est-il tenu à la garantie?

Les deux classes de servitudes ne sont pas régies de même à cet égard. Parlons d'abord des servitudes personnelles. La décision de la jurisprudence romaine sur ce point est certaine.

Supposons que c'est un droit d'usufruit que le tiers a revendiqué avec succès. La privation de la jouissance, même pour un temps, est si préjudiciable à l'acheteur, si contraire à l'attente légitime de l'acheteur quand le contrat n'a pas été

____

(1) Ulp., L. 1, D. 21, 2.

limité à la nue-propriété, qu'il n'y avait pas à hésiter. On peut dire en ce cas que *emptori habere rem non licet*. Le vendeur n'a pas rempli son obligation de faire avoir la chose, de procurer une *possessio vacua*. Le vendeur, fût-il de bonne foi, et dans le silence du contrat, devait être tenu à la garantie. L'acheteur contre lequel un usufruit était inopinément réclamé était considéré comme subissant une éviction partielle.

Gaius s'est placé à ce dernier point de vue lorsqu'il a écrit : *Si ab emptore ususfructus petatur, proinde is venditori denunciare debet atque is a quo pars petitur* (1).

La dénonciation au vendeur est le commencement du recours en garantie. L'assimilation de l'usufruit à une part de la chose ou du domaine est le principe du raisonnement du jurisconsulte.

Africain est du même avis. *Fundum cujus ususfructus Attii erat, mihi vendidisti, nec dixisti usumfructum Attii esse ; hunc ego Mœvio, detracto usufructu, tradidi : Attio capite minuto non ad me, sed ad proprietatem usumfructum redire ait : neque enim potuisse constitui usumfructum eo tempore quo alienus esset : sed posse me venditorem te de evictione convenire : quia æquum sit, eamdem causam meam esse quæ futura esset, si tunc ususfructus alienus non fuisset* (2).

Un fonds m'est vendu et livré. Il est grevé d'un usufruit au profit d'Attius. Le vendeur ne me déclare pas ce fait. J'aliène ce fonds en faveur de Mœvius, en retenant pour moi et sur ma tête l'usufruit. Cette réserve n'a pas d'effet. Car sur un fonds déjà grevé d'un usufruit, un nouveau droit d'usufruit ne saurait être actuellement constitué. En d'autres termes, je n'ai acquis de ce fonds que la nue-propriété. Je ne puis transférer que la nue-propriété et ne puis pas déduire l'usufruit qui ne m'appartient pas. Aussi l'extinction de l'usufruit d'Attius, par exemple, par une *capitis deminutio*, profitera à Mœvius, mon

______

(1) L. 49, D. 21, 2.

(2) L. 46 pr., D. 21, 2. Le jurisconsulte n'avait sans doute point parlé d'une tradition à Mœvius *deducto usufructu*, car de cette façon l'usufruit ne pouvait pas être constitué, du moins *jure civili*. (Voy. *Frag. vatic.*, § 47.) L'usufruit avait pu être déduit dans une mancipation ou une cession *in jure* faite à Mœvius.

acheteur, dont la propriété deviendra pleine, et non pas à moi vendeur, qui ai fait une *deductio ususfructus* absolument inefficace. Je suis privé de l'usufruit de la chose vendue, non par le fait d'Attius, qui probablement n'exerçait pas son droit, mais parce que l'existence du droit d'Attius a fait obstacle à la validité de la réserve d'usufruit que j'ai insérée dans la seconde aliénation. J'ai le droit de recourir en garantie contre mon vendeur. Car il est juste que ma situation soit ce qu'elle serait si l'usufruit d'Attius, qui ne m'a pas été déclaré, n'avait jamais eu d'existence (1).

Nous voyons ici l'un des rapports sous lesquels l'usufruit est traité comme une partie de la propriété : *Ususfructus in multis casibus pars dominii est*, ainsi que le remarque le jurisconsulte Paul (2).

La solution donnée à l'égard de l'usufruit était admise relativement à l'usage. Ulpien nous l'atteste : *Si quis forte non de proprietate... controversiam fecerit, sed de usufructu vel de usu, vel de quo alio jure ejus quod distractum est, palam est committi stipulationem : habere enim non licet ei cui aliquid minuitur ex jure quod habuit* (3). Le texte parle également *de quo alio jure quod distractum est*. Ces mots se rapportent sans doute soit à un *jus in agro vectigali*, soit à un droit de superficie. La réclamation de l'un de ces droits par un tiers cause à l'acheteur un trouble plus profond, plus prolongé que la revendication d'une servitude personnelle. Elle doit, à plus forte raison, motiver un recours en garantie contre le vendeur.

14. La certitude de doctrine que nous avons rencontrée relativement aux servitudes personnelles va nous faire défaut en ce qui concerne les servitudes prédiales. Le vendeur est-il tenu à garantie à raison des servitudes prédiales qui se trouvent grever l'immeuble vendu? La question a suscité une

---

(1) La doctrine d'Africain est donc celle-ci : un acte qui avait pour but l'aliénation ou la constitution d'un droit réel, et qui n'a pu produire son effet au moment où il est intervenu, ne devient pas ensuite efficace quelles que soient les circonstances ultérieures. (Comp. L. 41, D. 18, 7; L. 22, D. 20, 1; L. 4, pr. et § 1, D. 21, 3.)

(2) L. 4, D. 7, ...

(3) L. 58, § 3, D. 45, 1.

vive controverse parmi les interprètes. Plusieurs systèmes ont été émis. Nous exposerons les trois principaux.

Dans une opinion (1), il faut distinguer entre les servitudes apparentes ou non apparentes. A l'occasion des premières, le vendeur n'est garant que s'il a vendu le fonds comme libre, *uti optimus maximus*, comme étant dans le meilleur état où la propriété puisse être.

Des secondes, des servitudes occultes, le vendeur est garant par cela seul que l'acheteur a ignoré leur existence au moment de la vente, que le vendeur les ait connues ou lui-même ignorées. Cette distinction, raisonnable en elle-même, consacrée par le Code Napoléon, n'est pas explicitement, il faut l'avouer, dans les lois romaines. Mais elle résulte, dit-on, de l'opposition qui existe entre des textes des jurisconsultes romains. Elle en résulte, parce qu'elle est le seul moyen de les concilier.

Venuleius s'exprime ainsi : *Quod ad servitutes prædiorum attinet, si tacite secutæ sunt et vindicentur ab alio, Quintus Mucius et Sabinus existimant venditorem ob evictionem teneri non posse ; nec enim evictionis nomine quemquam teneri in eo jure quod tacite soleat accedere, nisi ut optimus maximusque esset, traditus fuerit fundus : tunc enim liberum ab omni servitute præstandum... (2).*

Ce fragment parle des serv   a suivent tacitement, qui suivent habituellement   s sans être déclarées, sans avoir besoin d'être déclarées, parce qu'elles sont apparentes. C'est ainsi que le texte de Venuleius est analysé, entendu et rapporté aux servitudes qui se révèlent par des signes extérieurs. Le vendeur n'est point garant du dommage qu'elles entraînent, à moins qu'il n'ait présenté le fonds comme franc et libre.

Ulpien nous dit au contraire : *Quoties de servitute agitur, victus tamen debet præstare quanti minoris emisset emptor, si scisset hanc servitutem impositam* (3). Ce fragment, qui ne précise rien, est référé aux servitudes non apparentes, à celles

---

(1) Voy. M. Maynz, t. II, p. 189, § 296, note 13.
(2) L. 75, D. 21, 2, *De evict.*
(3) L. 61, D. 21, 1, *De ædilit. edicto.*

que l'acheteur a ignorées et n'a pu connaître. Le vendeur est garant.

Ce système a le tort de ne pas découler assez naturellement des textes et d'y suppléer des distinctions qui ne s'y trouvent pas.

15. Une seconde opinion a pour elle l'autorité de Cujas (1). Elle n'admet pas de différence entre les servitudes d'après leur nature. Lorsqu'une servitude ignorée de l'acheteur est découverte et exercée à son détriment après la vente, ce fait ne constitue pas une éviction. L'acheteur ne peut agir ni par l'action *ex stipulatu de evictione*, ni par l'action *ex empto*. Il peut seulement, par l'action *quanto minoris*, obtenir ce dont le prix aurait été diminué si l'existence de la servitude avait été prise en considération. La servitude est regardée comme un vice du fonds, non pas comme un vice rédhibitoire, car la rédhibition, la résolution de la vente ne paraît pas admise en principe ; mais comme un vice qui entraîne une dépréciation dont l'acheteur peut demander compte.

Venuleius, en décidant *venditorem ob evictionem teneri non posse*, fait allusion aux actions *ex stipulatu* et *ex empto* qui ne sont pas ouvertes. Les conséquences ordinaires d'une éviction partielle ne se produisent pas.

Ulpien, dans un fragment inséré, il faut le remarquer, au titre *de ædilitio edicto*, accorde seulement l'action *quanto minoris* à l'acheteur contre lequel une servitude est inopinément réclamée. Ce n'est pas une éviction qu'il subit, c'est un vice qui se découvre.

Telle est la règle suivie lorsque le vendeur n'a fait aucune déclaration spéciale. Quand le vendeur a présenté le fonds *uti optimus maximus*, l'acheteur, qui ne jouit pas de cette franchise annoncée, a contre le vendeur l'action *ex empto*, et l'action *ex stipulatu* si une stipulation est venue sanctionner cet engagement.

Quel intérêt pratique y a-t-il à refuser l'action *empti*, lorsque l'action *quanto minoris* est accordée ?

L'action *ex empto* est perpétuelle, l'action *quanto minoris* ne dure qu'une année. A cette différence de durée,

----

(1) Voy. Cujas, observ. 2, 20. Com. ad. t. I, *De verb. oblig.*, lib. XLV. L. 38, § *si forte*, et Com. ad. tit. I, *De contr. empt.*, lib. XVIII. L. 59.

faut-il ajouter une différence portant sur le montant de la condamnation qu'obtiendra l'acheteur? Nous ne saurions affirmer quelle est la pensée de Cujas (1). Peut-être la condamnation serait-elle, suivant lui, proportionnée dans l'*actio empti* au préjudice que causent à l'acheteur la revendication et l'exercice de la servitude, et dans l'*actio quanti minoris*, le sera-t elle simplement à ce dont le prix aurait été diminué si la servitude avait été connue. Citons un des passages que notre grand jurisconsulte a écrits sur la question : *Servitutis vindicatio emptori ex stipulatu vel ex empto de evictione actionem non parit. Neque obstat lex* QUOTIES, *de œdil. edicto, quoniam non loquitur de actione ob evictionem in duplam, vel in id quod interest, sed de actione æstimatoria quanto minoris. Hæc, evicta servitute, semper competit, L.* SED SI QUID. D. *de evict. Male quidam eam legem ad duos casus pertinere putant, si fundum liberum vendiderit, quo casu de evictione actio competit, non quanto minoris ; et si sciens dolo malo vendiderit ignoranti, quo casu est etiam actio in id quod interest ratione doli* (2).

16. Il est certain que les servitudes prédiales ont été considérées par les Romains comme des qualités des fonds, qualités mauvaises ou vices pour le fonds servant. Cicéron a envisagé les servitudes prédiales sous ce point de vue dans plusieurs passages de ses écrits (3), et cela est conforme à cette phrase de Celsus : *Quid aliud sunt jura prædiorum quam prædia qualiter se habentia, ut bonitas, salubritas, amplitudo* (4) ?

L'opinion de Cujas nous paraît toutefois difficile à admettre en présence de plusieurs lois romaines qui semblent décharger le vendeur de toute responsabilité à raison des servitudes prédiales, lorsqu'il n'a pas vendu le fonds comme libre. Ainsi, Venuleius déclare *venditorem ob evictionem (servitutis) teneri non posse.* Il ne fait pas de distinction entre les divers moyens de recours contre le vendeur. Il décide que ce dernier n'est pas tenu à garantie. En vain dirait-on que la

(1) Com. ad tit. I, *De contr. empt.*, lib. XVIII, Dig. L. 59 *in fine.*
(2) Com. ad leg. 38 § si forte *De verb. oblig.*
(3) Voy. *De officiis*, tit. 3, n. XVI, *De oratore*, 1, 39.
(4) L. 86, D. 50, 16, *De verb. signif.*

force de la phrase est dans le mot éviction. Le vendeur n'est pas tenu pour éviction, parce que la réclamation et l'exercice d'une servitude par un tiers ne constituent pas une éviction. Cela est trop subtil. Nous ne croyons pas que les jurisconsultes romains aient répugné à qualifier d'éviction la perte que subit l'acheteur par la revendication d'une servitude (1). D'ailleurs, la fin de la loi de Venuleius prouve que la pensée du jurisconsulte est absolue. Supposant que le vendeur a présenté le fonds comme *optimus maximus*, il en conclut : *Tunc liberum ab omni servitute præstandum*. L'opposition entre les deux parties de la loi précise le sens de chacune d'elles. Le mot *præstare* est en matière de garantie le plus large et le plus vague qui puisse être employé. Il s'applique aux vices qui se découvrent comme à l'éviction proprement dite, à la dépossession. La dernière phrase signifie purement que le vendeur est obligé à garantir. Donc, dans la première partie de la loi, dans l'autre hypothèse, le jurisconsulte avait dû nier purement l'obligation de garantie.

Le même raisonnement s'établit, et avec plus de force encore, sur un fragment de Celsus ainsi conçu : *Cum venderes fundum, non dixisti ita ut optimus maximusque, verum est quod Quinto Mucio placebat, non liberum, sed qualis esset fundum præstari oportere* (2). Ce texte nous fournit la réfutation la plus nette des deux systèmes jusqu'à présent exposés. Il renferme une négation absolue de la garantie à l'égard du vendeur qui n'a pas affirmé la franchise de l'immeuble par lui vendu. Il ne se plie à aucune distinction, ni à la distinction entre les servitudes apparentes ou occultes, ni à la distinction entre plusieurs espèces d'actions dont les unes seraient refusées et l'autre accordée.

17. Une troisième opinion nous paraît préférable. Le vendeur n'est garant de la revendication d'une servitude par un tiers que s'il a vendu le fonds *uti optimus maximus*. Que la servitude soit apparente ou non, la règle est semblable. Le vendeur qui ne fait aucune déclaration spéciale est censé vendre le fonds tel qu'il est, *qualis est*, en ce qui concerne les servitudes même occultes qui peuvent le grever. Ajoutons, ce qui

(1) Voy. la loi 15, § 1, D. 21, 2, ainsi que nous en établirons le texte.
(2) L. 59, D. 18, 1, *De contrah. empt.*

du reste est admis dans tous les systèmes, que le vendeur est, en ce cas, responsable s'il a agi de mauvaise foi, s'il a commis un dol.

Les fragments déjà cités de Venuleius et de Celsus prêtent un appui énergique à cette troisième opinion qui n'est en réalité que l'expression de la doctrine clairement contenue dans ces textes.

Quant à la loi d'Ulpien qui accorde une action *quanto minoris* à l'acheteur *quoties de servitute agitur*, voici comment nous l'expliquons : elle résout la question de savoir non pas dans quels cas le vendeur est garant d'une servitude, mais, le vendeur étant supposé garant, à quelle indemnité il doit être condamné envers l'acheteur. Assurément ce sont deux questions distinctes, qui appelaient toutes deux l'attention des jurisconsultes. Une servitude est revendiquée ; le vendeur est garant. La vente sera-t-elle résolue? L'acheteur en restituant la chose aura-t-il les mêmes droits que dans l'hypothèse d'une rédhibition ou d'une éviction complète? Non d'après le sentiment d'Ulpien. L'acheteur obtiendra ce dont le prix aurait été moindre si la servitude avait été connue et mise en ligne de compte. Ou bien il obtiendra ce dont la chose vaut de moins à raison de la servitude qui la grève. C'est là formule adoptée par Paul dans un passage où, plus évidemment encore qu'Ulpien, il se propose non de statuer sur l'existence de la garantie, mais sur l'estimation du litige, sur la fixation de la condamnation à prononcer contre le vendeur garant. *Si servitus evincatur quanti minoris ob id prædium est, lis æstimanda est* (1).

Nous croyons que cette indemnité pourra être demandée par l'acheteur au moyen de l'action *empti*. Elle est due en vertu d'une clause du contrat, et toute convention faite en même temps qu'un contrat de bonne foi est exécutée par l'action du contrat. L'action *empti* est plus avantageuse que l'action *quanti minoris* : elle est perpétuelle.

---

(1) L. 15, § 1, D. 21, 2, *De evict.* La substitution de *servitus* à *servus* que portent la plupart des éditions est nécessaire. Avec le mot *servus* le texte n'a aucun sens, et la première partie de la loi s'occupant de l'éviction d'une servitude personnelle, il est naturel de penser que la seconde partie traitait de l'éviction d'une servitude prédiale.

Que si l'acheteur démontre que la servitude dont le fonds est grevé lui est si dommageable, est si contraire à la destination qu'il voulait donner à la chose, que la connaissant il n'aurait certainement pas acheté le fonds, il peut, nous n'en doutons pas, abandonner l'immeuble et se faire traiter comme ayant subi une éviction totale. L'action *quanto minoris* elle-même aboutit parfois à un résultat analogue (1).

18. Le vendeur répond en outre et toujours de son dol. Il manque évidemment à la bonne foi, lorsque, interrogé par l'acheteur, il nie l'existence d'une servitude qu'il sait exister. Une simple dissimulation, une réticence calculée suffit pour constituer un dol dans un contrat de bonne foi. Le vendeur qui connaît une servitude et ne la déclare pas à l'acheteur, commet un acte de mauvaise foi, et il est obligé à réparer tout le tort que cause à l'acheteur le fait qu'il a dissimulé.

Il est obligé, à moins que l'acheteur n'ait d'ailleurs connu le fait caché par le vendeur, c'est-à-dire la servitude qui grève le fonds. Car dans ce cas le silence du vendeur n'a préjudicié en rien à l'acheteur.

Telles sont les décisions données par Ulpien : *Venditor, si, cùm sciret deberi servitutem, celavit, non evadet ex emplo actionem ; si modo eam rem emptor ignoravit. Omnia enim quæ contra bonam fidem fiunt, veniunt in empti actionem. Sed scire venditorem et celare sic accipimus, non solùm si non admonuit, sed et si negavit servitutem istam deberi cùm esset ab eo quæsitum* (2).

On serait tenté de trouver ici une application de la distinction des servitudes en apparentes et non apparentes. Le vendeur semble n'être tenu, pour mettre sa bonne foi à l'abri d'un reproche, de déclarer que les servitudes non apparentes. Cela ne me paraît pas tout à fait exact. Le vendeur doit dénoncer les servitudes qu'il connaît. Il est sauvé des conséquences d'une omission à cet égard, non si l'acheteur a pu connaître, mais si l'acheteur a connu. Peut-être l'acheteur n'a-t-il pas visité les lieux. En d'autres termes, la négligence

(1) L. 25, § 1, D. 41, 2, *De except. rei judic.* et L. 43, § 6, D. *De ædil. edicto.*

(2) L. 1, § 1, D. 19, 1, *De act. empti et vendit.*

de l'acheteur ne relève pas le vendeur des suites d'une dissimulation.

19. Nous avons supposé jusqu'à présent qu'un tiers, un voisin revendiquait un droit de servitude sur le fonds vendu. Que faut-il décider si une servitude dont paraissait jouir le fonds vendu, que l'acheteur a peut-être exercée pendant un certain temps est contestée avec succès par le propriétaire voisin ? Le vendeur est-il tenu à garantie ? Non, il n'est pas tenu à garantie.

Il ne l'est pas, lors même qu'il aurait déclaré le fonds *optimus maximus*.

Il ne l'est pas, à moins qu'il n'ait affirmé l'existence au profit du fonds de la servitude niée par le voisin.

Ces trois propositions résultent d'un texte de Venuleius dont nous avons déjà étudié la première partie : *Si vero emptor petat viam vel actum, venditorem teneri non posse : nisi nominatim dixerit accessurum iter vel actum ; tunc enim teneri qui ita dixerit. Et vera est Quinti Mucii sententia ut qui optimum maximum fundum tradidit, liberum præstet, non etiam deberi alias servitutes* (1). Affirmer que la propriété est dans l'état le meilleur et le plus parfait, c'est affirmer qu'elle est pleine et entière, qu'elle n'a subi aucun démembrement. Ce n'est pas avancer et faire croire qu'elle ait des droits de servitude sur les fonds voisins.

Venuleius ne nous offre que des exemples de servitudes rustiques. La règle est la même pour les servitudes urbaines. Pomponius nous l'enseigne dans le passage suivant : *In vendendo fundo quædam, etiamsi non dicantur, præstanda sunt : veluti ne fundus evincatur, aut ususfructus ejus. Quædam ita demum, si dicta sint : veluti viam, iter, actum, aquæductum præstatum iri. Idem et in servitutibus urbanorum prædiorum* (2).

Certains avantages sont garantis par le vendeur à l'acheteur, de plein droit, d'après la nature du contrat, par exemple, la possession, la jouissance de la chose. D'autres avantages ne sont garantis que s'ils ont été expressément promis, par

---

(1) L. 76, D. 21, 2, *De evict. Sic* Paul, L. 169, D. 50, 16, *De verb. signif.*

(2) L. 66, D. 18, 1, *De contr. empt.*

exemple qu'un fonds jouit d'une servitude soit rurale, soit urbaine sur un immeuble voisin.

20. Que le droit romain ait admis de semblables principes au sujet des servitudes prédiales, on s'en étonnera peut-être. Comment, d'après la nature de la vente, à moins de convention contraire, le vendeur n'encourt aucune obligation de garantie quelle que soit l'importance des servitudes dont le fonds est grevé, ou du bénéfice desquelles le fonds est déchu contre l'attente de l'acheteur ! Comment l'acheteur est présumé avoir accepté une situation aussi incertaine et si pleine de périls !

On peut essayer de l'expliquer par les considérations suivantes :

D'abord, habituellement le vendeur connaît les servitudes qui grèvent son fonds. Il doit, pour dégager sa responsabilité, les dénoncer à l'acheteur.

Ensuite, à prendre les choses dans leur état ordinaire, les servitudes prédiales forment entre les fonds des rapports assez équitables, et constituent un arrangement dans lequel les inconvénients et les avantages se balancent pour chaque propriété. Un propriétaire ne consent à l'établissement d'une servitude que s'il n'en résulte pas un trop grave dommage pour son immeuble. Chaque personne songe et veille à l'intérêt, à l'amélioration de sa propriété, et l'acheteur peut, sans de graves dangers, se résigner à subir la condition que son auteur s'était faite à lui-même sous le mobile de son intérêt personnel. Il peut s'en rapporter au souci qu'ont eu vraisemblablement ses prédécesseurs d'améliorer leur domaine.

Ce que l'acheteur aurait le plus à craindre, ce serait une servitude à l'établissement de laquelle le vendeur aurait consenti, précisément parce qu'il était dans l'intention de vendre et sous l'influence de cette pensée mauvaise qu'il nuisait à son acheteur et non pas à lui-même. Mais dans ce cas le vendeur commettrait un dol et serait, sauf la difficulté de la preuve, responsable.

Il faut croire que ces idées ont quelque force et quelque vérité, puisque chez nous, sous l'empire d'une loi qui distingue entre les servitudes apparentes ou occultes et impose au vendeur la garantie de ces dernières, une clause habituelle et de style dans les actes de vente d'immeubles et dans les cahiers d'enchères rédigés par des officiers ministériels, décharge toujours le vendeur de cette obligation. L'acheteur prend aveuglément les choses dans l'état où elles sont, et il ne paraît pas que de bien grandes déceptions en soient résultées, ni que cette clause ait effrayé les enchérisseurs dans les ventes publiques. L'usage a donc en quelque sorte rétabli en France les règles que la jurisprudence romaine avait consacrées quant à la garantie des servitudes prédiales (1).

De la vente des choses incorporelles.

21. La vente d'une servitude ne présente rien de particulier. Le vendeur est garant de l'avantage qu'il s'est engagé à procurer.

La vente d'une servitude peut se comprendre de deux manières : ou je conviens que moyennant un prix je vous procurerai l'avantage d'une servitude personnelle ou prédiale à constituer à votre profit sur une chose déterminée. Presque toujours, dans ce cas, je serai propriétaire réel ou apparent de la chose sur laquelle la servitude vendue doit prendre naissance (2).

Ou je conviens de vous transmettre l'émolument, l'exercice d'une servitude déjà constituée, par exemple d'un usufruit dont je suis ou me prétends être le titulaire. Dans ce cas il est impossible que le droit d'usufruit vous passe, mais vous devrez en avoir l'exercice utile (3).

Le vendeur est responsable si l'acheteur, par une cause antérieure à la vente, est empêché d'exercer utilement le droit de servitude dont le vendeur devait lui procurer le bénéfice.

22. La vente d'une créance nous arrêtera plus longtemps. Quelle est l'étendue de la garantie du vendeur ? L'acheteur peut être privé du bénéfice sur lequel il comptait, soit parce que la créance cédée n'existe pas, soit parce que le débiteur est insolvable.

______

(1) Nous constatons et nous invoquons un usage antérieur à la loi du 23 mars 1855. Cette loi par le principe de la publicité des droits immobiliers a rendu la position de l'acheteur bien meilleure, et la clause dont nous parlons beaucoup moins compromettante.

(2) L. 6, § 5, D. 19, 1, *De act. empt. vend.*, Pomponius.

(3) Marcianus, L. 38, D. 7, 1, *De usufructu.*

Le droit romain impose au vendeur la garantie de l'existence de la créance cédée et non la garantie de la solvabilité du débiteur même antérieure à la vente. Ulpien le décide en réproduisant l'avis de Celsus: *Si nomen sit distractum, Celsus, lib. 9 Digestorum, scribit locupletem esse debitorem non debere præstare: debitorem autem eum esse præstare, nisi aliud convenit* (1). Hermogénien émet la même doctrine: *Qui nomen quale fuit vendidit, duntaxat ut sit, non ut exigi etiam aliquid possit, et dolum præstare cogitur* (2).

L'insolvabilité du débiteur peut être considérée comme un vice de la créance. Elle empêche la créance non pas d'exister, mais d'être utile. Elle est semblable à ces vices des choses corporelles qui les rendent impropres à l'usage auquel elles sont destinées. Néanmoins les jurisconsultes romains n'ont pas fait de l'insolvabilité du débiteur antérieure à la vente un vice rédhibitoire, une cause de garantie. Ils n'ont pas crû du moins qu'en droit commun une règle dût exister en ce sens. La liberté des conventions est bien entendu réservée. — La solvabilité d'une personne est en général un fait susceptible de vérification; en admettant que ce soit un vice de la créance, ce n'est pas un vice absolument occulte.

L'acheteur après quelques recherches a-t-il des doutes sur la solvabilité du débiteur, il peut exiger que le vendeur lui garantisse la créance bonne, et le débiteur *idoneum*.

Si le vendeur cache à dessein une insolvabilité de lui parfaitement connue, surtout s'il fait en sorte que l'acheteur croie à la solvabilité, il manque à la bonne foi, il commet un dol, il est responsable.

Quant à l'insolvabilité postérieure à la vente, il est naturel qu'elle soit assimilée à un cas fortuit et mise aux risques de l'acheteur, sauf convention contraire.

Le vendeur d'une créance garantit l'existence de la créance, il garantit que la créance existe, qu'elle a une existence parfaite selon le droit, qu'une action existe et qu'aucune exception ne la paralyse. Si donc je vous cède moyennant un prix une créance, une action, et que le débiteur ait une exception à opposer à l'exercice de cette action, je suis tenu de vous

(1) L. 4, D. 18, 4, *De hered. vel act. vend.*
(2) L. 74, D. 21, 2, *De evict.*

garantir, de vous indemniser. C'est ce que décide Paul dans
un texte qui s'ajoute à la loi déjà citée d'Ulpien, comme une
fin de phrase et un complément d'idée. Ulpien avait dit que
le vendeur doit *debitorem eum esse præstare.* Paul complète
la pensée en ces termes : *et quidem sine exceptione quoque* (1).

23. Supposons que la créance vendue ait été en apparence
corroborée par une fidéjussion, ou par un gage, ou par une
hypothèque, et recherchons ce que le vendeur doit garantir à
l'acheteur relativement à ces accessoires.

Sur ce point nous avons un texte dont l'interprétation n'est
pas sans difficulté. Il est ainsi conçu : *Periculum pignorum
nominis venditi ad emptorem pertinet ; si tamen probetur eas
res obligatas fuisse* (2).

Le mot *periculum* se prête à trois interprétations. Il désigne ou le danger de la perte ou de la dépréciation fortuites
postérieures à la vente des choses engagées ou hypothéquées,
ou le danger de l'insuffisance de valeur de ces choses dès le
temps de la vente, pour répondre de la dette, ou enfin le danger de l'inexistence ou de l'inefficacité juridique des droits de
gage ou d'hypothèque.

Il n'est pas à croire que le jurisconsulte ait voulu parler
uniquement du péril auquel le cessionnaire est exposé par
suite d'événements fortuits, postérieurs au contrat. La solution serait évidente et présenterait peu d'intérêt.

Donc ce mot se réfère à des causes de perte antérieures à
la vente.

Il peut être rapporté soit au danger de l'insuffisance de
valeur des gages, insuffisance déjà certaine au moment de la
vente, soit au danger de l'éviction, de la réclamation par
des tiers des choses remises en gage.

La décision du jurisconsulte paraît à certains interprètes
embrasser ces deux causes de perte pour l'acheteur, et en
exonérer le vendeur. Il resterait un danger unique dont le
vendeur serait garant, celui que les choses n'eussent été en
fait ni engagées ni hypothéquées.

La loi dont nous avons donné le texte s'analyserait ainsi :
Lorsqu'une créance a été vendue comme hypothécaire, comme

(1) L. 5, D. 18, 4, *De act. vel hered. vend.*
(2) Paul, L. 30, D. 20, 1.

assurée par un gage que le vendeur a sans doute livré à l'acheteur, le vendeur est tenu à la garantie si le gage ou l'hypothèque n'a pas été constitué. Mais il ne garantit pas que le constituant fût propriétaire du bien par lui engagé, et il n'est pas responsable de ce qu'un tiers revendiquerait ce bien avec succès. A plus forte raison n'est-il pas garant, si l'hypothèque ou le gage n'est pas efficace par suite de l'insuffisance de valeur du bien, ou même par suite de droits de préférence acquis à d'autres créanciers.

Telle est l'interprétation de Cujas et de Pothier. Ces auteurs s'appuient sur une loi de Papinien, loi statuant sur une *datio in solutum* ou plutôt sur une novation, la loi 68, § 1, D. 21, 2, dont nous parlerons plus loin (1).

24. Il nous semble que les principes conduisent à une solution différente.

La vente d'une créance peut comprendre les accessoires d'une façon tacite ou expresse. La vente d'une créance, sans que le vendeur ait indiqué, spécifié, assuré aucun accessoire, n'entraîne pour le vendeur que l'obligation de garantir l'existence de la créance. Les accessoires suivent la créance et profitent à l'acheteur par voie de conséquence (2). Mais ils n'ont pas formé l'un des objets de la vente. L'acheteur n'a dû compter sur aucun d'eux.

La vente d'une créance peut être accompagnée d'une déclaration des accessoires qui la fortifient. Dans ce cas chacun de ces accessoires est compris dans le contrat et en forme l'un des objets. Le prix a sans doute été fixé en proportion des sûretés de la dette et l'acheteur croit et doit croire à la réalité des accessoires indiqués par le vendeur.

D'après la déclaration du vendeur, la créance était-elle corroborée par une fidéjussion ? Le vendeur s'oblige à procurer deux actions, l'une contre un débiteur principal, l'autre contre un débiteur accessoire. Relativement à chacun de ces objets de la vente, il est tenu d'une garantie de même nature. Il est garant de la fidéjussion comme il est

____

(1) Voy. le commentaire de Cujas sur cette loi dans la série des lois de Papinien, et la note de Pothier sur cette loi dans ses Pandectes. *De hered. vel act. vend.* n. XXIX.

(2) L. 6. L. 14. L. 23, D. 18, 4. *De hered. vel act. vend.*

garant de l'obligation principale. Il n'est à l'abri d'un recours que si une fidéjussion a été contractée, valablement contractée, que si le cessionnaire aura à poursuivre d'une part un débiteur principal, d'autre part un débiteur accessoire, solvables ou non, cela n'importe pas, mais vraiment et légalement débiteurs. La logique et l'analogie nous dictent cette conséquence.

La créance a-t-elle été présentée comme munie d'une hypothèque. Il faut, pour que la responsabilité du vendeur soit à couvert, que l'hypothèque existe. Il faut non-seulement qu'une convention d'hypothèque soit intervenue, mais encore que cette convention ait émané du propriétaire de la chose, de celui qui l'avait au moins *in bonis*. Si pour avoir été constituée *a non domino*, l'hypothèque est nulle et qu'une éviction le démontre, le vendeur doit être tenu à la garantie. Il n'a pas procuré l'un des objets de la vente. Mais si l'hypothèque a été constituée par le propriétaire, le vendeur a satisfait à son obligation. Peu importe le plus ou moins d'efficacité, l'utilité de ce droit accessoire.

Le vendeur ne serait garant de l'efficacité que s'il avait déclaré, par exemple, que l'hypothèque était la première en rang sur la chose et que des hypothèques antérieures empêchassent le cessionnaire d'être payé.

Lorsque l'hypothèque a été constituée sur les biens à venir du débiteur, ou sur un bien déterminé sous la condition que le débiteur en deviendrait propriétaire, lorsque le débiteur a sous-affecté une chose qu'il tenait lui-même en gage d'autrui, le vendeur doit faire savoir de quelle nature est la sûreté spéciale qui accompagne la créance vendue. A cette condition il n'a aucun recours à redouter de la part de l'acheteur.

La créance vendue est munie d'un gage. Le vendeur le déclare. Il est garant de l'existence juridique du *pignus*. La revendication du gage par un tiers engage-t-elle la responsabilité du cédant? On peut soutenir que le contrat de *pignus* est valablement formé relativement à la chose d'autrui, et que la qualité de propriétaire chez le constituant intéresse l'efficacité et non l'existence du gage. Par ce raisonnement et en prenant *pignorum* dans un sens étroit, on mettrait d'accord avec les principes la décision de Paul en la loi 30, D. 20, 1, telle qu'elle est généralement interprétée. Mais, au moins depuis

que le pouvoir de vendre et d'aliéner est considéré comme
de l'essence du contrat de *pignus* (et il en est certainement
ainsi sous Justinien), l'opinion contraire nous paraît mieux
fondée, et la qualité de propriétaire chez le constituant nous
semble aussi nécessaire pour la validité parfaite du *pignus*
que pour la constitution de l'hypothèque.

L'opinion que nous venons d'émettre est peut-être ce qui a
inspiré l'une des deux interprétations que nous offre la
grande glose de la loi 30, D. 20, 1. Certains glossateurs sup-
posent que la vente a été faite par un créancier auquel une
créance hypothécaire avait été affectée. Nous verrons bientôt
que l'obligation de garantie est beaucoup moins étendue
pour un créancier vendant son gage que pour un vendeur
ordinaire. La place de notre loi favorise cette explication.
Mais il faut avouer que le texte ne précise pas clairement une
telle hypothèse.

D'ailleurs il suffit, pour que cette loi ne contredise pas la
doctrine que nous avons embrassée, de référer le mot vague
de *periculum* au danger de l'insuffisance de valeur du gage.

25. Les règles précédentes n'étaient sans doute pas applica-
bles à la vente de créance consentie par le créancier sur la
demande du débiteur accessoire ou du tiers détenteur d'un
bien hypothéqué qu'il poursuit ou menace de poursuivre et
dont il reçoit à cette condition le paiement de la dette. Il
consent, mais s'il ne consentait pas à cette vente, il serait re-
poussé et déchu de son droit par une exception (1). Il n'agit
pas librement. Il serait injuste que, indirectement forcé de
vendre, il fût tenu à garantie. Il doit vendre, il n'a pas de
bonne raison de refuser de vendre, parce qu'il sera désintéressé par le prix, parce qu'on lui demande de transmettre des
droits qui lui seront désormais inutiles, et il faut pouvoir
ajouter, parce que cette vente avantageuse à autrui ne lui sera
aucunement préjudiciable. Nous ne connaissons aucune loi
romaine sur la question. Antoine Fabre interprétait l'esprit
du droit romain comme nous venons de le faire (2).

____

(1) L. 17, D. 46, 1, *De fidej. et mand.* L. 19. D. 20, 4, *Qui pot.*

(2) Cod. Fabr. lib. 8, tit. 32 *defin.* 2, p. 1029. Cette solution doit être
donnée dans tous les cas où s'applique l'exception *cedendarum actionum.*

De la vente d'une hérédité.

26. Une première règle à poser, c'est que la vente est nulle lorsque l'hérédité vendue n'existe pas encore, que celui dont l'hérédité est vendue est encore vivant. Nous ne disons pas que le vendeur est garant. La vente est radicalement nulle. Sans doute le droit romain admet la validité des conventions faites sur une succession future, pourvu que celui de l'hérédité duquel il s'agit y ait consenti (1). Mais il n'en est pas moins vrai que du vivant d'une personne l'hérédité de cette personne ne peut pas être vendue, car elle n'existe pas. Le patrimoine de cette personne ne constitue pas encore une hérédité. Ce qui peut être actuellement vendu, c'est une chance, c'est une éventualité, c'est le bénéfice d'une vocation héréditaire éventuelle.

La vente de l'hérédité d'un homme vivant est donc nulle. Paul nous l'enseigne en ces termes : *Cum hereditatem aliquis vendidit, esse debet hereditas, ut sit emptio : nec enim alca emitur, ut in venatione et similibus, sed res, quæ si non est, non contrahitur emptio* (2). Aucune obligation n'en résulte, ni l'obligation de payer un prix pour l'acheteur, ni l'obligation de garantir pour le vendeur. Le prix qui aurait été payé par erreur sera répété par la *condictio indebiti*. Le jurisconsulte Paul dans le texte déjà cité ajoute : *Et ideo pretium condicetur.*

Toutefois si le vendeur avait agi de mauvaise foi, et l'acheteur de bonne foi, si l'acheteur avait été persuadé du décès de celui dont le vendeur connaissait l'existence et vendait l'hérédité, le vendeur serait responsable. Il serait valablement attaqué par l'action du contrat pour avoir manqué non pas à son obligation de *præstare rem habere emptori licere*, mais à son obligation d'être et d'agir de bonne foi. Par l'*actio empti* l'acheteur obtiendrait la restitution du prix payé et la réparation de tout autre dommage par lui éprouvé à raison du dol du vendeur (3).

(1) L. 30, C. 2, 3. *De pactis.*

(2) Paul, L. 7, D. 18, 4. *De hered. vel act. vend.*

(3) Inst. 3, tit. 23, § 5. — Trouvant à propos de la vente d'hérédité cette distinction si nettement établie entre la vente nulle et la vente qui emporte obligation de garantie, on peut se demander pourquoi une semblable

27. Supposons que la vente porte sur l'hérédité d'un homme actuellement décédé, le vendeur doit garantir à l'acheteur sa qualité d'héritier, et par suite l'émolument tel quel, résultant de ce titre ; mais il ne garantit pas l'importance, la richesse de l'hérédité. La règle de la garantie est, on le voit, semblable dans la vente d'hérédité et dans la vente de

distinction n'était pas admise dans la vente des créances. Celui qui vend une créance nulle, une action juridiquement inefficace ou même inexistante *ipso jure*, n'essaie-t-il pas de former un contrat sans objet? Dans l'hypothèse, il n'y a pas de chose vendue. Donc la vente devrait être nulle. Donc l'acheteur qui a payé par erreur devrait pouvoir répéter le prix comme indu. Eh bien ! non. La vente est valable. L'inexistence du droit cédé est considéré comme une éviction. Le vendeur est garant.

Voici comment j'expliquerais cette anomalie : Les jurisconsultes romains ont sans doute interprété la vente d'une créance, d'une action, en ce sens que le vendeur s'obligeait à procurer l'exercice d'une action contre telle personne pour obtenir telle chose. Il est possible que cette action existe et que cette chose soit due. Aucune loi naturelle, aucun principe de droit ne s'y oppose. Le vendeur a promis un avantage licite et réalisable. De même que vendre une chose ce n'est pas aliéner, transférer la propriété d'une chose, ce n'est pas non plus s'obliger à transférer un droit de propriété qui repose déjà sur la tête du vendeur et en quelque sorte individualisé déjà dans la personne du vendeur, et que par suite la vente *à non domino* est valable, de même vendre une créance, ce n'est pas céder une créance, ou le bénéfice d'une créance, ce n'est pas non plus s'obliger à céder le bénéfice d'une créance dont le vendeur soit nécessairement déjà investi, d'un droit de créance déjà individualisé dans la personne du vendeur, c'est s'engager à procurer le bénéfice d'une créance, d'une action relativement à telle chose. La vente d'une créance par celui qui n'est pas actuellement créancier est valable comme la vente de la chose d'autrui. Qu'on n'objecte pas que le vendeur d'une créance se présente comme investi déjà de la créance. Le vendeur d'une chose corporelle se présente aussi presque toujours comme investi du droit de propriété. Cette attitude du vendeur, l'espoir qu'elle inspire à l'acheteur, ne sont pas des faits qui déterminent l'obligation des parties. Cette interprétation de volonté n'est pas déraisonnable. L'important pour l'acheteur d'une créance, c'est non pas que le vendeur soit actuellement créancier, mais qu'il réussisse à procurer une action et, par là, le moyen d'exiger la chose ou la valeur déterminée. Vendre une hérédité à laquelle le vendeur n'a pas de droit, c'est exactement la même chose que vendre la créance d'une chose, n'étant pas actuellement créancier. Le but que poursuit l'acheteur est réalisable. Seulement le moyen de l'atteindre manque au vendeur au moment du contrat. La vente de l'hérédité d'un homme vivant a un tout autre caractère. Le vendeur s'oblige à l'impossible.

créance. Le vendeur est responsable de l'inexistence du droit dont il cède l'émolument, mais il n'assure pas à l'acheteur que ce droit cédé lui sera utile, lui procurera un certain bénéfice. La vente en cette hypothèse n'a pas pour objet une chose, une série de choses déterminées. L'éviction des choses regardées et livrées comme héréditaires n'engage pas la responsabilité du vendeur. L'objet de la vente, c'est l'hérédité, c'est une abstraction, un *nomen juris*. Ce que le vendeur doit *præstare*, ce que l'acheteur prétend *habere*, ce sont les avantages quels qu'ils soient, attachés à la qualité d'héritier. Pourvu que cette qualité appartienne au vendeur, pourvu qu'il transmette à l'acheteur les valeurs et les actions qu'il a en cette qualité, il n'a pas à s'inquiéter du reste. L'acheteur exercera à ses dépens, à ses risques les actions héréditaires. S'il succombe dans une revendication, cela prouvera que la chose par lui réclamée n'était pas héréditaire, partant n'a pas été comprise dans la vente. Le vendeur ne sera obligé à rien, lors même que des évictions successives et spéciales enlèveraient à l'acheteur tout ce qui paraissait être dans l'hérédité. Mais si un tiers intente la *petitio hereditatis* pour la totalité ou une partie de l'hérédité, le vendeur en ce cas doit défendre ou indemniser l'acheteur (1).

Cette théorie est exposée par les jurisconsultes romains dans des textes précis et concluants. Ulpien a écrit : *Venditor hereditatis satisdare de evictione non debet : cum id inter ementem et vendentem agatur, ut neque amplius, neque minus juris emptor habeat quam apud heredem futurum esset : plane de facto suo venditor satisdare cogendus est* (2).

Les empereurs Septime Sévère et Antonin Caracalla ont

(1) La *petitio hereditatis* peut être intentée *utilitatis causa* contre l'acheteur de l'hérédité. L. 13, § 3, D. 5, 3.

(2) Ulp. L. 2, D. 18, 4. Nous ne saisissons pas pourquoi le jurisconsulte parle de satisdation, car, en général, le vendeur doit *cavere*, promettre et non pas *satisdare*, fournir un fidéjusseur. Cujas pense que *satisdare* est pris ici dans le sens de *cavere*. Il dit à l'occasion de notre loi : *Satisdare est cavere, non fidejussores dare : nam neque alius quilibet venditor de evictione dat fidejussores.* Observ. 2, 30. D'un autre côté, est-ce que le vendeur ne doit pas promettre, suivant l'usage, le double du prix pour le cas où l'acheteur serait victime d'une *petitio hereditatis* ? Nous inclinons vers l'affirmative, bien que le texte ne l'indique pas.

consigné les mêmes principes dans un rescrit : *Emptor hereditatis rem a possessoribus sumptu ac periculo suo persequi debet. Evictio quoque non præstatur in singulis rebus, cum hereditatem jure venisse constet...* (1). Il est constant que l'hérédité a été vendue à bon droit, lorsqu'elle appartenait au vendeur. Cela étant, le vendeur n'est pas tenu de préserver l'acheteur des évictions qui se produisent relativement à des choses particulières, considérées d'une façon distincte de l'hérédité, et que la réclamation formée par un tiers tend à séparer de l'hérédité.

Paul exprime nettement la seconde partie de notre règle : *Si hereditas venierit venditor res hereditarias tradere debet; quanta autem hereditas est nihil interest* (2).

Ces règles sont observées, à moins d'une convention contraire des parties, et si le vendeur a déclaré que telle ou telle chose était comprise dans l'hérédité, il répond d'une éviction spéciale de ces choses. Le rescrit des empereurs Sévère et Antonin se termine par ces mots : *nisi aliud nominatim inter contrahentes convenit.*

Les commissaires de Justinien ont fait suivre la loi citée de Paul de ce passage de Gaius : *nisi de substantia ejus (hereditalis) affirmaverit* (3).

28. Nous venons de raisonner sur la vente pure et simple d'une hérédité, sur la vente d'une hérédité que le vendeur prétend avoir recueillie. Les décisions seront différentes si le vendeur a déclaré vendre ce qu'il peut avoir de droit sur une hérédité, *si quid juris esset ejus.* Il vend en quelque sorte une espérance d'hérédité, *quasi spes hereditatis,* un droit qu'il présente comme douteux, incertain, *incertum rei.* L'objet de la vente est alors moins une hérédité que la chance, la possibilité que telle hérédité appartienne au vendeur, et le bénéfice qui en dérivera. Dans ce cas, lors même que l'acheteur serait évincé de l'hérédité vendue, le vendeur n'est point garant. Telle est la doctrine de Javolenus : *Quod si in venditione hereditatis id actum est, si quid juris esset venditoris, venire, nec postea quidquam præstitu iri, quamvis ad venditorem hereditas non pertinuerit, nihil tamen eo præstabitur, quia id actum esse mani-*

(1) L. 1, C. 8, 45, *De evict.*
(2) L. 14, § 1, D. 18, 4.
(3) L. 15, D. 18, 4.

festum est, ut, quemadmodum emolumentum negotiationis, ita periculum ad emptorem pertineret (1). Un fragment d'Ulpien sert à compléter la pensée de Javolenus : *Nam hoc modo admittitur esse venditionem;* SI QUA SIT HEREDITAS ESTO TIBI EMPTA, *et quasi spes hereditatis : ipsum enim incertum rei veneat, ut in retibus* (2).

Dans cette hypothèse la responsabilité du vendeur serait cependant engagée s'il avait su que l'hérédité ne lui appartenait pas. Celui-là commet un dol qui sait n'avoir aucun droit sur une hérédité et qui vend comme quelque chose de sérieux sa prétention à cette hérédité, la chance que cette hérédité soit jugée lui appartenir. Le vendeur est alors tenu à indemniser l'acheteur trompé, et ce dernier peut se servir de l'action du contrat pour obtenir une réparation.

C'est ce qu'ajoute Gaius dans le texte suivant : *Hoc autem sic intelligendum est, nisi sciens ad se non pertinere, ita vendiderit : nam tunc ex dolo tenebitur.*

Paul résume dans un texte concis les règles que nous venons de tracer sur la garantie dans la vente d'une hérédité : *Quod si sit hereditas, et si* (3) *non ita convenit ut quidquid juris haberet venditor, emptor haberet, tunc heredem se esse, præstare debet; illo vero adjecto, liberatur venditor, si ad eum hereditas non pertineat* (4).

De la vente par un créancier gagiste ou hypothécaire.

29. Nous avons étudié l'influence de la nature de la chose vendue sur l'obligation de garantie. Étudions l'influence de la qualité du vendeur.

Le créancier gagiste ou hypothécaire a, soit en vertu d'une convention expresse, soit par une conséquence naturelle du contrat, soit comme un attribut essentiel du *pignus*, le pouvoir de vendre et d'aliéner la chose affectée à la sûreté de sa

(1) L. 10, D. 18, 4.

(2) L. 11, D. ibid.

(3) La plupart des éditions donnent *etsi* en un mot. Il vaut mieux séparer *et* de *si*. Car le sens de quoique, lors même que, serait inexact. Nous préférerions au contraire lire *etsi* au lieu de *si* au commencement du dernier membre de phrase.

(4) L. 13, D. 18, 4.

créance (1). Quand il use de ce pouvoir, quand il vend et livre la chose engagée ou hypothéquée, à quelle garantie est-il obligé envers l'acheteur?

La réponse à cette question diffère suivant la manière dont la vente a été faite.

La vente peut avoir été faite *jure communi*, conformément au droit commun.

Ce qui se réalise dans deux hypothèses :

Ou le créancier a vendu la chose qui lui a été remise en gage, comme si elle lui appartenait, sans déclarer sa qualité de créancier gagiste. Il s'est présenté comme un vendeur ordinaire, et s'est placé sous l'empire des règles habituelles de la vente. En ce cas, le vendeur subit l'obligation de garantie dans toute l'étendue que nous lui avons donnée jusqu'à présent. Il doit préserver ou indemniser l'acheteur de toutes les évictions qui ont une cause antérieure à la vente.

Ou le créancier, tout en faisant connaître la qualité en laquelle il agissait, a promis de préserver l'acheteur de toute espèce d'éviction, s'est soumis expressément aux charges du droit commun, a consenti à la stipulation usuelle *de evictione*. Alors il est valablement obligé dans toute la mesure qu'il lui a plu de fixer. Le droit commun lui est applicable puisqu'il en a fait la règle de son contrat.

La vente peut avoir été faite *jure creditoris* ou *jure pignoris*.

Le créancier a fait savoir à l'acheteur qu'il vendait une chose à lui engagée par autrui, qu'il agissait comme créancier gagiste. Il n'a d'aucune façon abdiqué les prérogatives de cette position de créancier usant du droit de vendre les

(1) Les trois situations que nous venons de décrire indiquent les progrès du droit romain en cette matière. Jusqu'à Marc-Aurèle, il paraît avoir été nécessaire qu'une convention formelle donnât au créancier gagiste le droit de vendre. Gaius, Com. 2, § 64. A l'époque d'Ulpien, il suffit qu'une convention formelle n'ait pas retiré au créancier gagiste le droit de vendre. L. 4, D. 13, 7. *De pign. act.* Sous Justinien une clause interdictive de la vente n'a d'autre effet que de mettre le créancier dans la nécessité d'adresser au débiteur, peut-être aussi au constituant, plusieurs interpellations successives avant de procéder à la vente. Cela résulte d'une modification assez manifeste que les commissaires de Justinien ont opérée dans le texte déjà cité d'Ulpien.

Voy. le traité de Schilling, trad. de notre savant maître M. Pellat, p. 65 et 75, et l'ouvrage de notre collègue M. Vernet sur les *oblig.*, p. 90 et suiv.

choses qui lui ont été affectées. Son obligation de garantie est alors beaucoup moins étendue que celle d'un vendeur ordinaire. Il répond des évictions qui proviendraient d'un défaut de droit en sa personne, mais non de celles qui proviendraient d'un défaut de droit dans la personne du constituant, c'est-à-dire de ce que le constituant du gage n'aurait pas été propriétaire. Il garantit son droit de vendre en tant que créancier, son droit de transférer à l'acheteur la propriété telle quelle de l'auteur de l'engagement, rien de plus.

Ajoutons, pour que l'exposé du système soit complet, que le créancier doit toujours agir de bonne foi, révéler à l'acheteur les faits dont il est instruit et qu'il répond toujours de son dol.

30. Voyons si les textes justifient la théorie que nous venons d'exposer. La distinction entre la vente faite *jure creditoris* et la vente faite *jure communi* se puise dans un fragment de Paul. Ce jurisconsulte se demande si, lorsque l'acheteur est évincé du gage (probablement par suite de la revendication d'un tiers), le prix payé par cet acheteur au créancier profite au débiteur pour l'acquittement de sa dette. Cela dépend du point de savoir si le créancier est ou non responsable de l'éviction, et la responsabilité du créancier est ou non engagée selon qu'il a vendu comme un vendeur ordinaire ou comme créancier.

Creditor pignus vendidit, quæro, an si evicta sit possessio emptori, regressum creditor ad mandatorem (1) habere possit ? et an intersit, creditoris jure vendiderit an communi jure promiserit ? Paulus respondit, si creditor ex pretio pignorum debitum consecuturus non sit, mandatorem liberum non videri. Ex hoc responso apparet, si evictionis nomine non teneatur, proficere eam rem ad liberationem (2).

Paul n'indique pas expressément dans quelle hypothèse le créancier vendeur n'est pas garant. Mais il fait comprendre que, pour savoir s'il est garant, il faut rechercher s'il a vendu *jure creditoris vel jure communi*, que sous le rapport de la garantie il est traité différemment, dans chacun de ces deux cas. Or, c'est évidemment lorsque le créancier a contracté,

______

(1) Le jurisconsulte traite la question du recours relativement à un débiteur accessoire, un *mandator credendæ pecuniæ*. La solution serait la même à l'égard du débiteur principal.

(2) L. 59, § 4, D. 17, 1. *Mandati vel contr.*

non pas comme un vendeur ordinaire, mais comme créancier, qu'il doit être exonéré de la garantie de droit commun.

Cette interprétation est confirmée par un rescrit d'Alexandre Sévère dont voici le commencement : *Cum jure creditoris propter fisci debita prædium obligatum procurator meus venundedit, evictio non debetur ; quia et privatus creditor eodem jure utitur ; nisi nominatim hoc repromissum a privato fuerit creditore* (1). Dans l'espèce, c'est le *procurator fisci* qui au nom du fisc créancier a opéré la vente. Mais l'empereur décide formellement que l'irresponsabilité de l'éviction est non pas un privilége du fisc, mais la règle applicable à tout créancier vendant un gage.

Cette solution, favorable au créancier qui en est réduit, pour être payé, à réaliser et convertir en argent les gages de la dette, se motive aisément. Ce créancier ne se livre pas à un acte de spéculation, il subit une nécessité.

31. Mais il doit transmettre à l'acheteur évincé les moyens qu'il a d'obtenir une indemnité du débiteur pour la faute que ce dernier a commise d'engager ou d'hypothéquer la chose d'autrui. Il doit céder l'*actio pignoratitia contraria*.

L'acheteur cessionnaire exigera du débiteur les dommages-intérêts que le créancier eût été en droit d'exiger lui-même avant la vente. Le créancier est désintéressé par le prix qu'il a touché et qu'il ne restitue pas. Il n'a aucune raison de refuser la cession d'une action, inefficace entre ses mains, et dont l'exercice sera très-utile à l'acheteur.

Ecoutons Ulpien : *In creditore qui pignus vendidit, tractari potest, an re evicta vel ad hoc teneatur ex empto, ut quam habet adversus debitorem actionem, eam præstet : habet autem contrariam pigneratitiam actionem ? et magis est ut præstet : cui enim non æquum videbitur, vel hoc saltem consequi emptorem, quod sine dispendio creditoris futurum est* (2).

32. Le rescrit d'Alexandre nous présente comme faisant exception à la règle que le créancier ne doit pas de garantie, l'hypothèse où il a plu au créancier de s'obliger à la garantie, de faire, par exemple, la promesse habituelle du double du prix

(1) L. 1, C. 8, 46. *Credit. evict. non debere.*
(2) L. 38, D. 21, 2, *De evict.*

en cas d'éviction. Cette restriction et la validité de l'obligation
ainsi contractée sont bien faciles à admettre, si l'on envisage
les rapports du créancier vendeur et de l'acheteur. Nous po-
sons seulement comme un principe que le créancier qui vend
un gage n'est pas tenu de faire cette promesse. Il n'a pas besoin d'exprimer qu'il ne donnera pas cette sûreté. Il en est
affranchi par l'usage. Il est libre.

Cette liberté conduit à une conséquence remarquable dans
les rapports du créancier avec le constituant du gage. Supposons que le créancier ait fait la promesse du double, et que
l'acheteur évincé ait exigé du créancier vendeur le paiement
du double du prix. Ce dernier aura-t-il par l'*actio pigneratitia contraria* un recours contre le constituant? Cela dépend
des circonstances. Si le créancier a obtenu de l'acheteur un
prix tel qu'il eût pu l'obtenir sans faire de promesse touchant
l'éviction, il a eu tort de s'obliger; il est en faute; il n'a pas
pris les intérêts de celui dont en vendant il exécutait le mandat; il n'a pas de recours. Si au contraire il a dû fournir la
cautio de evictione pour obtenir un prix convenable et tirer
le meilleur parti du gage, s'il a agi en homme diligent et soi-
gneux des intérêts de son mandant, il est en droit de faire
retomber sur le constituant la charge de la condamnation
qu'il a subie à l'égard de l'acheteur évincé. *Si creditor,* nous
dit Ulpien, *cum venderet pignus, duplam promisit (nam usu
hoc evenerat* [cela avait eu lieu par suite de l'usage établi dans
les ventes ordinaires] *et conventus ob evictionem condemnatus
erat) : an haberet regressum pigneratitiæ contrariæ actionis?
et potest dici esse regressum, si modo sine dolo et culpa sic vendidit; et ut paterfamilias diligens id gessit : si vero nullum
emolumentum talis venditio attulit, sed tanti venderet, quanti
vendere potuit, etiamsi hæc non promisit, regressum non habere* (1).

33. Nous venons d'étudier une première exception à la règle
que le créancier qui vend un gage ne répond pas de l'éviction,
et de voir en quel sens il est vrai de dire que le créancier est
libre, si bon lui semble, de s'obliger à la garantie par une
promesse formelle. Une seconde exception à la même règle
est relative au dol que le créancier gagiste aurait commis à

(1) L. 22, § 4, D. 13, 7. *De pign. act.*

l'égard de l'acheteur. Il est responsable de son dol. Ainsi le décide Ulpien dans des termes formels : *Sententiam Juliani verissimam esse arbitror in pignoribus quoque : nam si jure creditoris vendiderit, deinde hæc fuerint evicta, non tenetur, nec ad pretium restituendum ex empto actione creditor : hoc enim multis constitutionibus effectum est. Dolum plane venditor præstabit : denique etiam repromittit de dolo, sed etsi non repromiserit, sciens tamen sibi non obligatam, vel non esse ejus qui sibi obligavit, vendiderit, tenebitur ex empto, quia dolum eum præstare debere ostendimus* (1).

34. Arrivons à la seule partie contestable de notre théorie. Nous avons dit que le créancier n'était point garant de l'éviction, à moins que l'éviction ne provînt d'un défaut de droit en sa personne.

Cette réserve comprend deux hypothèses : le créancier n'avait pas le droit de vendre, ou il n'avait pas une créance valable, ou il n'avait pas reçu valablement en gage la chose qu'il a vendue.

Le créancier vendeur était primé sur la chose par un créancier hypothécaire antérieur, et ce dernier évince l'acheteur.

Lorsque l'éviction dérive de l'une de ces deux causes, suivant nous, le créancier qui a vendu est garant. Cette décision repose sur la fin du rescrit d'Alexandre Sévère dont nous avons déjà cité le commencement : *Cum jure creditoris propter fisci debita prædium obligatum procurator meus venundedit, evictio non debetur : quia et privatus creditor eodem jure utitur.... Si tamen fiscus in jus alterius creditoris successit, emptori non justa nomine fisci movetur controversia : sive quia potior fuerat, quando vendebat, sive quia infirmior, quoniam hoc utique præstare debet qui pignoris jure vendit, potiorem se cæteris esse creditoribus* (2).

Un bien a été vendu par l'agent du fisc pour une dette hypothécaire. Puis le fisc succède au droit d'un autre créancier auquel le même bien a été hypothéqué. Aucune action tendant à une éviction ne sera valablement intentée au nom du fisc contre l'acheteur. De deux choses l'une, ou le fisc au moment de la vente avait la supériorité du rang hypothécaire,

---

(1) L. 11, § 16, D. 19, 1. *De act. empti et vend.*
(2) L. 1, C. 8, 46. *Credit. evict. pignoris non debere.*

et l'acheteur a acquis un droit supérieur à celui des autres
créanciers, ou le fisc était primé par celui auquel il a succédé
depuis, mais il est garant de toute éviction qui proviendrait
de l'infirmité de son droit, et il ne saurait causer lui-même
l'éviction dont il doit garantir. Ce dilemme est victorieux en
faveur de l'acheteur.

Là proposition que nous devons mettre en saillie et généraliser est celle-ci : *hoc utique præstare debet qui pignoris jure
vendit, potiorem se cæteris esse creditoribus.*

Ce qui renferme la nécessité de prouver la réalité du droit
de créance, la réalité du droit d'hypothèque, et la supériorité
de ce droit par rapport au droit des autres créanciers. Ce qui
emporte l'obligation de garantir l'acheteur contre les évictions dont l'origine serait dans un défaut de droit chez le
créancier vendeur à l'un de ces trois points de vue.

La doctrine que nous embrassons est celle des principaux
interprètes du droit romain. Cujas, Doneau, Perrezius notamment la partagent et l'enseignent. Doneau est surtout explicite: le créancier qui a vendu un gage doit, suivant lui, *præstare rem sibi obligatam esse, se in pignore omnibus aliis
potiorem esse et se jus vendendi habere* (1).

33. Cependant cette doctrine a rencontré quelques adversaires. Notre collègue et ami, M. Vernet, dans son excellent ouvrage sur les obligations, s'exprime en ces termes sur l'obligation de garantie du créancier vendeur : «Le créancier qui avait
« joué le rôle de vendeur était-il tenu envers l'acheteur évincé,
« soit de l'action en garantie, soit de la restitution du prix?
« Il n'était tenu ni de l'une ni de l'autre de ces obligations,
« mais il devait céder à l'acheteur évincé son action *pignera-*
« *titia contraria* contre son débiteur, à moins qu'il n'eût
« vendu une chose qu'il savait ne pas lui être hypothéquée,
« ou n'avoir pas appartenu à son débiteur lors de la constitu-
« tion de l'hypothèque, ou à moins de convention contraire.
« En d'autres termes, à moins de stipulation contraire, l'usage
« interprétait la volonté des parties en ce sens que le créan-
« cier hypothécaire ou gagiste ne promettait à l'acheteur que

(1) Doneau sur la loi 1, C. 8, 46. *Credit. evict. pig. non debere* ; Cujas,
paratit, sur le même titre du Code; Perrezius sur le même titre du Code ;
etc. Mühlenbruch *Doctr. pand.*, § 318.

« l'absence de dol et, en cas d'éviction, la cession de l'action
« *pigneratitia contraria.* »

Il est impossible de rencontrer une exposition de principes
plus nette et plus lucide. Notre savant collègue s'appuie sur
la loi 11, § 16, D. *De act. empti et vendili* que nous avons déjà
rapportée. En effet, cette loi fournit une objection contre la
théorie que nous avons admise. Le jurisconsulte veut citer
des faits de dol qui engagent la responsabilité du créancier
vendeur et il suppose que *sciens tamen sibi non obligatam,
vel non esse ejus qui sibi obligavit, vendiderit,* et il en déduit
que *tenebitur ex empto, quia dolum eum præstare debere ostendimus.* Le second exemple est bien choisi ; le premier ne
l'est pas, s'il est vrai, comme nous le croyons, que le créancier est toujours garant de l'existence du droit de gage ou
d'hypothèque. A cet égard, la bonne foi ne le sauve pas. Il
est inutile de supposer qu'il a su que la chose ne lui avait
pas été hypothéquée et de faire découler en ce cas son obligation de sa mauvaise foi, puisque, eût-il par erreur cru à la réalité d'une affectation hypothécaire et eût-il agi dans la plus
parfaite bonne foi, il n'en serait pas moins garant et obligé.

Donc pour donner un sens utile à la phrase d'Ulpien, *sciens
rem sibi non obligatam,* il faut admettre en principe que le
créancier ne garantit même pas l'existence du droit propre
en vertu duquel il vend.

Comment expliquer dans cette opinion le rescrit d'Alexandre Sévère ? Ce rescrit porte sur une hypothèse dans laquelle c'est le créancier vendeur lui-même qui veut évincer
son acheteur en vertu d'un droit nouveau survenu en sa personne. Or le créancier, quoiqu'il ne soit pas garant, ne peut
pas évincer lui-même son acheteur. C'est la décision formelle
de Paul : *Etsi is qui lege pignoris emit ob evictionem rei redire ad venditorem non potest ; tamen non esse audiendum
creditorem qui fundum vendidit, si velit ejusdem rei ex alia
causa quæstionem movere* (1).

36. Ce système d'interprétation est fortement conçu. Toutefois nous ne pouvons y adhérer. Voici pourquoi : Il est une
phrase du rescrit d'Alexandre qui n'y trouve pas son expli-

---

(1) L. 10, D. 20, 5, *De dist. pig.* La décision se comprend très-bien suivant nous dans le cas où le créancier, après avoir vendu, est devenu héritier
du propriétaire de la chose qui avait été engagée par un tiers *non dominus.*

cation. C'est la dernière : *Hoc utique præstare debet qui pignoris jure vendit, potiorem se cœleris esse potiorem.* L'empereur ne raisonne pas comme Paul. Il ne dit pas : le créancier ne peut pas évincer son acheteur même dans un cas où il ne serait pas son garant. Non, il refuse au créancier le droit d'évincer, parce que dans l'espèce il serait garant. Le créancier serait garant, parce que l'éviction proviendrait de l'infirmité de son droit au temps de la vente.

Il nous semble plus difficile de se débarrasser de l'affirmation précise de l'empereur que du texte d'Ulpien qui fournit simplement un argument à *contrario* et dans lequel il suffit, pour le désarmer, de reconnaître un exemple évident mais inutile.

Admettons même que les textes soient positivement contraires. De quel côté la raison fera-telle pencher la balance ? Une considération nous paraît décisive en faveur de l'opinion que nous avons adoptée. Pour les évictions qui proviennent d'un défaut de droit chez le débiteur ou mieux le constituant, l'acheteur a un recours à exercer par l'action *pigneratitia contraria* que lui cède le créancier. Pour les évictions qui proviennent d'un défaut de droit chez le créancier, l'acheteur n'a aucun recours si le créancier n'est pas tenu à garantie. Or la perte qui doit résulter de ce que le prétendu créancier a commis l'imprudence de vendre sans être créancier ou sans avoir hypothèque, affligera-t-elle plus justement l'acheteur que le créancier? Là est la question. Nous croyons que le droit romain a dû imposer au créancier la garantie de son droit de vendre comme créancier hypothécaire ou gagiste.

La jurisprudence moderne n'a eu, suivant nous, qu'à le suivre dans cette voie tracée par la justice.

37. Nous avons déterminé l'obligation de garantie incombant au créancier gagiste qui a vendu la chose affectée à sa créance. Cherchons si le débiteur qui a constitué le gage est tenu de quelque garantie envers l'acheteur.

Que le débiteur ne soit tenu d'aucune obligation civile directe envers l'acheteur, cela est évident. Ils n'ont pas contracté ensemble.

L'acheteur évincé a toutefois deux moyens de recourir contre le débiteur que nous supposons avoir été le constituant du gage ou de l'hypothèque.

Le premier moyen a déjà été exposé. Il consiste dans l'action *pigneratitia contraria* que le créancier gagiste doit lui céder.

L'acheteur paraît avoir en outre l'action *ex empto* donnée *utilitatis causa.*

Nous nous appuyons pour le soutenir sur une loi d'Hermogénien : *Si jussu judicis rei judicatæ pignus captum per officium distrahatur, post evincatur, ex empto contra eum qui pretio liberatus est, non quanti interest, sed de pretio duntaxat ejusque usuris, habita ratione fructuum dabitur : scilicet si hos ei cui evicit restituere non habebat necesse* (1).

Précisons l'hypothèse. Une sentence de condamnation a été rendue contre Primus. Dans le délai qui lui est accordé, Primus ne l'exécute pas volontairement. Le magistrat ordonne à un de ses officiers de s'emparer de certains biens de Primus à titre de gages, et après un nouveau répit ces gages sont vendus par l'officier du magistrat. Le prix est versé entre les mains de celui qui a obtenu la sentence, et Primus qui était débiteur en vertu de la condamnation se trouve libéré (2). L'acheteur est évincé des biens qui lui ont été ainsi vendus. Il pourra, d'après notre texte, intenter l'action *empti* contre celui qui a été libéré au moyen du prix, c'est-à-dire contre le débiteur condamné, contre Primus. Par cette action, l'acheteur obtiendra non pas *quanti interest* la réparation de tout le dommage qu'il éprouve, mais seulement le montant du prix et des intérêts du prix, déduction faite des fruits par lui perçus et qu'il n'a pas dû rendre au revendiquant.

Ce texte soulève deux questions :

Comment expliquer que l'action *empti* soit accordée contre le débiteur, qui est resté étranger à la vente de ses biens ?

Pourquoi la condamnation est-elle non pas égale à l'intérêt du demandeur, mais limitée au prix ?

38. Pour résoudre la première difficulté, supposons d'abord un *pignus conventionale* et non pas *judiciale*, comme dans l'espèce. Le débiteur a constitué le gage ou l'hypothèque. Il a conféré explicitement ou implicitement le pouvoir de vendre et d'aliéner. Le créancier qui à l'échéance, à défaut de

---

(1) L. 74, § 1, D. 21, 2, *De evict.*
(2) Voy. L. 31, D 42, 1, *De re jud.*

paiement, procède à la vente, agit comme un mandataire. Il est en quelque sorte le *procurator* du débiteur constituant. Les circonstances peuvent être telles et seront le plus souvent telles que son mandat, son pouvoir soit certain, notoire, incontestable. Ce créancier est dans la situation d'un *procurator præsentis* (1). Lorsqu'un *procurator præsentis* est intervenu dans un procès, le préteur le traite comme un *cognitor*; l'action *judicati* est donnée utilement au mandant ou contre lui. Un paragraphe des Fragments du Vatican, extrait des ouvrages de Papinien, le démoutre : *Quoniam præsentis procuratorem pro cognitore placuit haberi, domino causa cognita dabitur et in eum judicati actio* (2). Cette jurisprudence, qui transporte et réalise dans la personne du mandant les effets des actes accomplis par un mandataire dont le mandat est certain, est applicable non-seulement aux procès, mais encore aux contrats, ainsi que le prouvent les § 328 et 332 des Fragments du Vatican. Ces paragraphes restreignent au cas où le contrat a été formé par un *procurator absentis* la décision qui renferme dans la personne du mandataire les effets actifs et passifs du contrat (3).

Conformément à cette doctrine, il a pu être admis que la vente faite par le créancier gagiste donnerait lieu, *utilitatis causa* et après examen, à l'action *empti* au profit de l'acheteur évincé contre le débiteur constituant.

Cette solution, adoptée pour le *pignus conventionale* avec une grande force de raison, a probablement été étendue en-

(1) Nous croyons que cette expression *procurator præsentis*, tout en précisant la circonstance qui habituellement ou primitivement rendait le mandat certain, a fini par embrasser tout mandat susceptible d'être prouvé au magistrat, quoique n'ayant pas été donné en présence du magistrat et du tiers intéressé.

(2) § 331, *Frag. Vatic.*

(3) Les rédacteurs des Pandectes en insérant ces passages de Papinien dans leur compilation, ont supprimé le mot *absentis*, sans doute parce que de leur temps on ne s'attache plus à la distinction matérielle de la présence ou de l'absence. Par cette suppression maladroite, ils ont donné un sens absolu à des phrases qui avaient dans la pensée de l'auteur une portée relative et restreinte. Ils auraient fait ainsi rétrograder la jurisprudence si d'autres textes n'étaient venus contredire ceux auxquels nous faisons allusion. Voy. L. 67, D. 3, 3, *De procur.*

suite au *pignus judiciale*. Hermogénien qui nous présente ce dernier résultat appartient à une époque avancée de l'histoire romaine (1).

39. La seconde question repose sur l'étendue de la condamnation que peut encourir le débiteur.

Une distinction doit suivant nous être faite.

Si le débiteur a constitué un gage ou une hypothèque sur une chose déterminée, sur un corps certain, il doit être garant envers l'acheteur de tout le préjudice que cause l'éviction. Il doit subir une responsabilité aussi étendue que celle d'un vendeur ordinaire. Il a voulu la vente. Il a voulu au moyen de cette chose qu'il a présentée comme sienne se procurer du crédit et assurer l'exécution de son obligation. C'est de sa volonté et dans son intérêt que la vente du gage a été faite par le créancier.

Notre opinion puise un argument d'analogie dans un texte d'Ulpien dont voici la teneur : *Eleganter apud me quœsitum est si impetrasset creditor a Cæsare ut pignus possideret, idque evictum esset, an habeat contrariam pigneratitiam? Et videtur finita esse pignoris obligatio et a contractu recessum : imo utilis ex empto accommodata est, quemadmodum si pro soluto ei res data fuerit, ut in quantitatem debiti ei satisfiat, vel in quantum ejus intersit (2).*

Un créancier gagiste, n'ayant pas trouvé d'acheteur, a obtenu de l'empereur de conserver le gage comme propriétaire et moyennant l'extinction de sa créance jusqu'à concurrence de la valeur estimative de ce gage. Plus tard il est évincé, peut-il recourir contre le débiteur par l'action *pigneratitia contraria?* Non. Le contrat de gage a été dissous, et les obligations de ce contrat sont arrivées à leur terme par la concession de la propriété au créancier. Le créancier ne possède plus comme gagiste. Il ne saurait invoquer les obligations et les actions du contrat de gage pour un événement postérieur à l'acquisition par lui de la chose.

Donc l'action *pigneratitia* est impossible, mais le jurisconsulte adapte à la circonstance une autre action, l'action utile *ex empto.* Le créancier est dans une situation analogue à celle

____

(1) Peut-être vivait-il sous Constantin ou sous les fils de cet empereur.

(2) L. 24 pr., D. 13, 7, *De pign. act.*

d'un tiers qui aurait acheté le gage, ou d'un créancier qui aurait reçu une dation en paiement. Ulpien accorde au créancier évincé l'action utile *ex empto*, comme Hermogénien accorde cette même action à l'acheteur évincé contre le débiteur auteur de la constitution du gage. Qu'obtiendra par ce moyen le créancier évincé? ou le montant de sa dette primitive, ce qui en général le désintéressera, ou même la réparation de tout le dommage qui est résulté pour lui de l'éviction. Il en doit être de même lorsque l'action *empti* est intentée par un tiers acheteur. L'analogie est parfaite, la conclusion est presque nécessaire.

40. Mais quand le débiteur a subi l'exécution d'un jugement rendu contre lui, que de ses biens ont été pris en gage, qu'il a laissé vendre des choses qui ne lui appartenaient pas, la position est bien différente. Ce débiteur a rempli dans l'affaire un rôle tout passif. Nous avons dit qu'il avait laissé vendre. Peut-être a-t-il résisté à l'exécution. La vente a été opérée contre sa volonté, malgré son opposition. Dans ce cas il ne serait pas juste de le déclarer indéfiniment responsable des suites d'un acte auquel il n'a nullement consenti; seulement il ne doit pas s'enrichir. La condamnation sera limitée au profit qu'il a retiré de l'opération par la libération de sa dette, c'est-à-dire au montant du prix de la vente et des intérêts.

Peut-être en serait-il de même dans l'hypothèse d'une affectation par le débiteur de tous ses biens présents et à venir. Le créancier se fait mettre en possession et procède à la vente d'un bien qu'il prétend appartenir à son débiteur. Ce dernier a pu être dans cette procédure passif ou opposant.

41. Un rescrit de Gordien nous offre une application nouvelle de cette idée que le débiteur est garant dans une certaine mesure des évictions souffertes par l'acheteur de la chose qu'il a affectée à la sûreté de sa dette ou qui a été prise à titre de gage parmi ses biens par l'autorité du magistrat. L'empereur en déduit que le débiteur ou son héritier ne peuvent pas évincer eux-mêmes celui qu'ils doivent garantir. *Si ob causam judicati pignora capta sunt ex ejus auctoritate cujus præcipiendi jus fuit, eaque de quibus complecteris, tu mercatus es : frustra ab ea quæ condemnata est, vel quæ in ejus locum successit, eorum refertur quæstio : quandoquidem, et si*

eviclio eorum ab alio subsecuta fuisset, adversus eos debuisse dari actionem quibus pretii solutio proficit, rectissime responsum est (1).

Des biens que possédait un débiteur condamné ont été saisis et vendus par un officier du magistrat. L'acheteur est menacé d'éviction par le débiteur ou par l'héritier du débiteur (2). L'empereur décide que l'acheteur n'a rien à craindre sous ce rapport, parce que s'il était évincé par un tiers, il aurait un recours contre le débiteur ou l'héritier de celui-ci. Or nul ne peut causer une éviction dont il serait responsable, nul ne peut causer un dommage qu'il serait tenu de réparer.

Du louage.

42. Le contrat de louage de chose engendre une obligation de garantie analogue à celle qui résulte de la vente. C'est un contrat à titre onéreux. Le locateur reçoit un équivalent en argent de la jouissance qu'il procure. Il doit assurer au locataire qu'aucune cause antérieure à la formation du contrat ne privera le locataire de la chose louée, et si cette obligation n'est pas remplie, si le locataire est évincé par l'exercice d'un droit préexistant au contrat, le locateur est tenu de réparer tout le dommage que le locataire en éprouve.

Cette règle est appliquée par Ulpien dans l'hypothèse suivante, choisie pour mettre en relief les conditions de l'obligation de garantie : *Si quis domum bona fide emptam vel fundum locaverit mihi ; isque sit evictus sine dolo malo culpaque ejus Pomponius ait, nihilominus eum teneri ex conducto ei qui conduxit ; ut ei præstetur frui quod conduxit licere (3).* Le dol ni la faute ne sont à considérer. Le locateur manque à son obligation de procurer au locataire l'avantage convenu, et cela parce que n'ayant pas eu au moment du contrat un droit suffisant sur la chose, il n'a pas réussi à écarter les chances d'éviction qui découlaient de ce défaut de droit en sa personne. Cela suffit pour qu'il soit responsable.

(1) L. 13, C. 8, 45, *De evict.*

(2) On peut supposer que le débiteur n'était pas propriétaire des biens au moment où ils ont été saisis et vendus. Il en est devenu depuis propriétaire ou son héritier se trouve en être le propriétaire.

3) L. 9, D. 19, 2, *Loc cond.*

Le locateur doit procurer au locataire une jouissance qu se prolonge pendant la durée du contrat. Mais il ne faut pas en conclure qu'il soit garant envers le locataire, qu'aucune cause même postérieure au contrat ne privera ce dernier de la jouissance de la chose. Non, si un événement fortuit postérieur au contrat fait cesser en tout ou en partie la jouissance de la chose louée, le loyer n'est dû par le locataire qu'en raison du temps pendant lequel il a joui. Le locateur cesse d'avoir droit au loyer du moment que le locataire cesse de jouir. Mais le locateur n'est pas garant dans cette hypothèse en ce sens qu'il n'est pas tenu de réparer tout le préjudice souffert par le locataire. Ce dernier est déchargé de son obligation de payer le loyer ; mais il n'obtient rien de plus, quelle que soit la grandeur du dommage que lui cause cet événement fortuit, c'est-à-dire non imputable au locateur.

Cette décision est très-nettement établie par Africain dans un texte qui fait surgir une difficulté grave, mais à un point de vue différent de celui qui nous occupe. Nous détacherons de cette loi ce qui est relatif à notre présent objet : *Si fundus quem mihi locaveris publicatus sit, teneri te actione ex conducto ut mihi frui liceat, quamvis per te non stet quominus id præstes..... quod hactenus verum erit..... ut mercedem quam præstiterim restituas, ejus scilicet temporis quo fruitus non fuerim : nec ultra actione ex conducto præstare cogeris.* Prévoyant encore une hypothèse semblable, le jurisconsulte dit et répète à la fin de la loi : *Nihil amplius ei quam mercedem remittere aut reddere debebis* (1).

Nous apercevons ici une fois de plus que les risques de la perte fortuite ne commencent pas toujours pour celui qui n'a plus son auteur pour garant, et comme une conséquence nécessaire de la cessation de la garantie.

(1) L. 33, D. 19, 2, Loc. cond

Imprimé par Charles Noblet, rue Soufflot, 15

www.ingramcontent.com/pod-product-compliance
Lightning Source LLC
LaVergne TN
LVHW012059030726
842523LV00002B/625

9 782016 127889